天地의 道

春生
秋殺

生
殺

天地의 道 春生秋殺

안운산 지음

발행일 · 단기 4340(2007)년 5월 3일 초판 1쇄
　　　　단기 4351(2018)년 7월 25일 초판 13쇄

발행인 · 안경전
발행처 · 상생출판
주소 대전시 중구 선화서로 29번길 36(선화동)
전화 070-8644-3156, 팩스 0303-0799-1735
출판등록 2005년 3월 11일(175호)
ⓒ2018상생출판

ISBN 979-11-86122-74-7

天地의 道

春生
춘 생

천지의 질서가 바꾸어진다

秋殺
추 살

| 안운산 지음 |

안운산(安雲山) 태상종도사님

서 문

나는 조상대대로 충청도에서 태어나 살아온 토박이로서 일찍이 증산 상제님을 신앙하신 선친(先親)의 영향으로 대자연 섭리인 상제님의 진리를 알게 되었다.

그래서 내 나이 아홉 살에 "만국활계남조선(萬國活計南朝鮮)이요 청풍명월금산사(清風明月金山寺)라. 일만 나라의 살 계획은 오직 남쪽조선에 있고 맑은 바람 밝은 달 금산사라" 하는 상제님 말씀이 너무 좋아서, 모필(毛筆)로 써서 입춘서(立春書)로 상기둥 나무에 붙인 사실이 있다. 그때는 남조선 북조선이 없을 때였다. 그 몇 십 년 후에 남조선 북조선이 생긴 것이다. 왜 그런지 나는 어려서부터 상제님의 진리를 나름대로 잘 알았다.

그런데 내가 태어나서 성년이 되도록 살았던 그 때는 일제의 식민 통치 시대였다. 그래서 상제님을 남몰래 신앙하면서 상제님이 천지공사에서 틀을 짜 놓으신 대로 이 세상이 둥글어가는 것을 살피며, 동가식서가숙(東家食西家宿)하면서 국내는 물론이요 만주, 중국 등지를 주유(周遊)하였다. 그러면서 제2차 세계대전이 터져 전쟁의 참상을 지켜보다가 스물네 살에 8·15 해방을 맞이했다. 이 8·15와 더불어 고향에 돌아와 드디어 유년시절부터 꿈을 꿔오던 상제님 사업을 시작하였다.

　지금은 바야흐로 우주년의 여름에서 가을로 바뀌어지는 환절기, 하추교역기(夏秋交易期)이다. 천지의 질서가 바뀌지는 때인 것이다!

　4계절의 변화 법칙을 자연 섭리, 음양오행 원리로 말하면, 우선 가을의 금왕지절(金旺之節)에서 겨울의 수왕지절(水旺之節)로 바뀔 때는 금생수(金生水)해서, 가을과 겨울이 상생(相生)의 원리로 자연스럽게 연결이 된다. 그리고 겨울의 수왕지절에서 봄의 목왕지절(木旺之節)로 갈 때도 수생목(水生木)해서 또한 상생으로 연결이 되고, 봄의 목왕지절에서 여름의 화왕지절(火旺之節)로 넘어갈 때도 목생화(木生火)해서 역시 상생으로 연결이 된다.

　그런데 여름 화왕지절에서 가을 금왕지절로 넘어갈 때는 화극금(火克金)으로 상극(相克)이 붙어서 가을세상으로 바로 넘어갈 수가 없다. 그래서 화생토(火生土)로 토(土)가 불을 수용을 하고, 거기서 다시 토생금(土生金)으로 토가 금을 조성해서 가을 금왕지절을 열게 되는 것이다.

그 토가 바로 우주의 통치자 하나님, 참하나님이시다. 이 하나님을 우리 한민족은 오랜 옛날부터 상제님이라고 불러왔다. 이분이 바로 석가가 말한 미륵부처님이요, 예수가 말한 하나님 아버지요, 사도요한이 말한 백보좌 하나님이요, 공자와 노자가 말한 옥황상제님이시다.

이 상제님이 오셔서 봄여름의 선천 역사와 가을겨울의 후천 역사를 상생으로 이어 주지 않고서는, 화극금으로 상극이 붙어 선천과 후천이 단절돼 버려 만유의 생명체가 완전히 소멸될 수밖에 없다. 그래서 여름철 불(火) 세상에서 가을철 금(金) 세상으로 넘어가는 하추교역기에는 필연적으로 통치자 참하나님이 인간으로 강세하신다는 것이 대우주 천체권이 형성될 때부터 우주변화 법칙상 이미 질정(質正)되어 있는 것이다.

그리하여 조화옹 상제님께서 신천지 가을을 여는 10토(十土)의 신미(辛未 : 1871)생으로 오셔서 가을의 새 세상을 창출하셨다.

이제 가을세상이 열리면, 인간의 문화도 지고지상(至高至上)의 새로운 문화, 성숙된 문화, 열매기 문화, 알캥이 문화, 통일 문화, 결실문화가 열린다. 지금까지의 문화는 과도기적 문화로서 유형문화인 물질문화만 일방적으로 극치의 발전을 했을 뿐이다. 그러나 앞으로는 물질문화도 극치의 발전을 하고 정신문화도 극치의 발전을 해서 하나인 진리권으로 합일이 되는 통일문화가 나온다. 자연 이법에 의해 그런 문화가 출현하는 것이다. 이것이 천지의 궁극적인 목적이요 지상 사명이다.

그 세상에는 도술 문명이 열려서 말로 다 형언할 수가 없다. 예컨대 사람의 수명이 어느 정도로 연장이 되느냐 하면, 상수(上壽)는 1,200살이요, 중수(中壽)는 900살이요, 그리고 단명으로 사는 하수(下壽)라도 700살은 산다.

한마디로 현실선경, 지상선경, 조화선경이다. 참말로 안락과 행복을 구가하는, 상극과 전쟁이 없는 5만 년 선경(仙境) 세계가 펼쳐진다.

그런데 천지의 대도라는 것은 춘생추살(春生秋殺)이다. '봄에는 천지에서 물건을 내고, 가을철에는 천지에서 죽인다.' 봄에 물건을 내서 무한정으로 증식(增殖)시키기만 하는 것이 아니라, 가을이 되면 그 생명을 반드시 종식(終熄)시키는 것이다. 봄에는 내고 가을에는 죽인다. 내고 죽이고, 내고 죽이고!

알기 쉽게 말해, 초목농사를 짓는 지구년에서 5년 전도, 10년 전도 춘생추살로 둥글어왔고, 앞으로 5년 후, 10년 후, 100년 후도 역시 춘생추살로 둥글어간다. 10년이면 내고 죽이고를 열 번 하고, 100년이면 내고 죽이고를 백 번 한다. 이것은 역천불변(易天不變)하는, 하늘이 바뀐다 하더라도 다시 변할 수 없는 절대적인 법칙이다.

천지라 하는 것은 이렇게 봄에는 내는 정사(政事)만 하고 가을철에는 죽이는 정사만 하는데, 이번에는 죽이는 정사만 하는 때다. 해서 지금은 사는 방법, 사는 진리를 찾아야 한다. 세상만사는 살고 난 다음 문제이다.

상제님의 진리는 자연 섭리요, 자연 섭리가 상제님 진리다. 해서 상제님의 도, 증산도(甑山道)는 천지의 이법을 집행하는 곳이다. 증산도는 과거를 전부 다 두드려 뭉쳐 하나로 수렴을 해서 새 세상을 여는 알캥이 진리다. 증산도는 천지의 열매요,

우주의 결실이요, 천지를 담는 그릇인 것이다.

내가 그동안 천지가 둥글어가는 대자연의 변화원리를 밝히느라고, 『새시대 새진리』 4권, 『앞으로 잘 사는 길은』, 『상생의 문화를 여는 길』 등 다수의 강의록을 내었는데, 이 책에는 '천지의 도, 춘생추살' 이라는 천지 이법을 담아 놓았다.

천지가 둥글어가는 이법이 몇 페이지 안 되는 이 책 속에 담겨져 있다. 대우주 천체권내에서 천지가 사람농사짓는 이치를 내가 이 책 속에 조각(彫刻)해 놓았다. 세상 사람들이 알건 모르건, 부정하건 긍정하건 간에, 천지 이법을 사실 그대로 밝혀 놓았다.

그러니 이 책을 읽는 모든 이들은 대자연의 섭리를 크게 깨쳐서 천지가 선천 5만 년 동안 사람농사 지어온 '천지의 결정체'가 되고 나아가 후천 5만 년 동안 전지자손(傳之子孫)해 가면서 무궁한 복락(福樂)을 누리기를 진심으로 축원하여 마지않는다.

道紀 137(단기 4340, 2007)년 4월

安雲山

天地의 道

春生
秋殺

차 례

일러두기 _ 본문 중 ●360과 같은 표기는
편집자 주석이 수록된 페이지를 나타냅니다.

천지의 도

춘생추살

天地의 道

春生秋殺

一. 우주는 어떻게 돌아가나

광대무변한 이 우주는 수백만 년 전도, 수십만 년 전도, 그리고 지금 이 순간도 쉬지 않고 끊임없이 둥글어가고 있다. 그런데 이 우주, 천지라 하는 것이 아무 방향도 없고 목적도 없이 그저 그냥 둥글어가는 것이 아니다. 대자연의 섭리, 우주의 이법에 의해 목적과 질서가 정해져서 법칙적으로 무궁하게 순환을 하는 것이다. 천지는 바로 생장염장(生長斂藏)이라는 원리를 바탕으로 무궁하게 둥글어간다.

그러면 생장염장은 어떻게 해서 생기는가?

지구가 태양을 안고 한 바퀴 둥글어가는 데에 따라 춘하추동 사시(四時)라는 변화가 생겨난다. 지구가 태양 빛을 많이 받을 때는 일기가 더워져서 봄여름이 되고, 반면에 태양 빛을 적게 받을 때는 추워져서 가을겨울이 된다. 그러면 거기에서 봄철에는 물건을 내고(生), 여름철에는 기르고(長), 가을철에는 열매를 맺고(斂), 겨울철에는 폐장(藏)을 하는 생장염장이라는 변화작용이 생겨나는 것이다.

폐장이라는 것을 좀 더 쉽게 풀이하면, 새해 새봄을 준비하는 기간이다. 사람으로 말할 것 같으면 잠자는 시간이다. 내일을 위해서 휴식을 한다는 말이다.

천지는 생장염장 원리를 바탕으로
천 년도, 만 년도, 십만 년도 무궁하게 둥글어간다

만유의 생명체라 하는 것은 이런 천지의 생장염장이라는 변화작용 속에서 한 세상을 왔다간다. 모든 초목이 제각기 가을철에 성숙된 씨앗, 열매를 결실해서 제 종자를 전해 놓고 가면, 다음해 봄에 그 종자가 다시 새싹을 내고 여름철에 자라나 가을에는 또 알캥이를 여물고, 그 열매가 다음해 봄에 또 다시 새싹을 틔운다. 그렇게 천 년이면 천 번을 되풀이했고, 5천 년이면 5천 번을 되풀이했다.

　　이와 같이 천지는 생장염장을 밑바탕으로 주이부시(周而復始)해서, 돌고 또 돌아서 천 년도, 만 년도, 십만 년도 둥글어가는 것이다.

　　생장염장!

　　이것은 천지가 둥글어가는 틀이요, 길인 것이다.

　　그건 무엇으로써도 바뀔 수 없는 절대적인 이치다. 천지를 두드려 부수어 새로 반죽을 해서 다시 만들어도 그렇게밖에는 될 수가 없다. 그것은 만고불변의 원칙적인 진리이기 때문이다. 그런 질서, 법칙에 의해 이 대우주 천체권이 둥글어간다.

겨울에 저장한다

藏

斂

生 봄에 낳고

가을에 거두어

長

여름에 기르고

만유 생명체는 천지의
생장염장 변화작용 속에서 한 세상을 왔다간다

지구가 태양을 안고 한 바퀴 돌아가는 주기를 지구년이라고 한다. 지구 1년에는 봄에 초목을 내어 여름 동안 길러서 가을에는 열매를 맺고, 겨울에는 폐장을 하고, 새봄이 오면 다시 그 씨앗에서 새싹을 낸다. 그것과 같이 대우주 천체권이 한 바퀴 둥글어가는 우주년이라는 것이 있다.

우주년은 과연 어떠한 시간인가?

우주 1년에서는 사람농사를 짓는다. 지구 1년에 초목농사를 짓는 것과 똑같은 이치로 우주 1년에서는 사람농사를 짓는다!

그런데 초목농사를 짓는 지구년이라고 하는 것은, 우주년에서 사람농사를 짓는데 사람이 생존하기 위해서 있는 것이다. 다시 말해서 지구년이 있어서 사람이 초목농사를 지어 의식주(衣食住)에 활용을 한다. 나무는 깎아서 집도 짓고, 가구도 만들고, 필요에 의해서 여러 가지로 생활문화에 이용하지 않는가. 오곡은 거둬서 사람이 영양을 섭취하고 말이다. 지구년이라는 것은 우주년이 사람농사를 짓기 위해서 있는 것이다.

그러면 우주년은 어떻게 둥글어가느냐?

우주년도 지구가 태양을 안고 한 바퀴 돌아가는 것과 똑같은 방법으로, 1년 춘하추동 사시의 질서로 둥글어간다.

지구년은 하루에 360도를 도는데, 1년 360일을 곱하면 지구 1년의 시간 법칙은 12만9천6백(360×360) 도로 돌아간다.

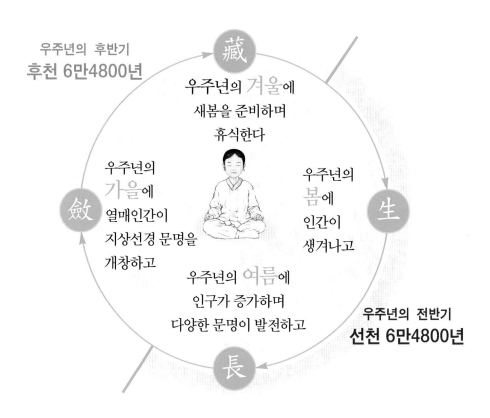

우주년의 후반기
후천 6만4800년

藏

우주년의 겨울에
새봄을 준비하며
휴식한다

우주년의
가을에
열매인간이
지상선경 문명을
개창하고

斂

生

우주년의
봄에
인간이
생겨나고

우주년의 여름에
인구가 증가하며
다양한 문명이 발전하고

우주년의 전반기
선천 6만4800년

長

지구 1년에 초목농사를 짓는 것과 마찬가지로
12만9600년의 우주 1년에서는 사람농사를 짓는다

그것과 같이 대우주 천체권이 한 바퀴 돌아가는 주기, 우주년은 360도 곱하기 360년 해서 12만9천6백 년이다.

도(度)와 년(年)만 다르지 지구년과 우주년에 똑같은 법칙이 적용되고 있다.

지구 1년의 129,600도라는 수치는 하루 360도와 1년 360일을 합이산지(合而算之)해서 나온 것인데, 그 129,600 수에 맞추어 음력과 양력 달력을 만든다.

지금 이 천체가 한 바퀴 둥글어가는 도수는 365도 아닌가. 때문에 360을 기본으로 하면 5도는 어떻게 처리할 수가 없다.

10전을 가지고 세 사람에게 나누어주면 3×3은 9해서 9전을 주고 하나가 남는다. 그것을 다시 삼분해서 나눠주면 또 하나가 남는다. 열 번을 쪼개도 하나가 남고, 백 번을 쪼개도 하나가 남는다.

그것처럼 5라는 잉여수(剩餘數)를 처리할 수가 없어서 음력에는 윤달●360을 만들었다. 그 잉여수를 3년을 모으면, 윤달 하나가 된다. 그 남는 수치가 모여 한 달 되는 것이 5월 달이 될 수도 있고, 10월 달이 될 수도 있고, 동짓달이 될 수도 있다. 그렇게 윤달을 만들어서, 큰 달은 30일, 작은 달은 29일 해서 음력 달력을 만드는 것이다.

$$360 \times 360 = 129,600$$

지구년과 우주년에 똑같은 법칙이 적용된다

지구년	우주년
1년(年) 129,600도 (360일×360)	1년[元] 129,600년 (우주년의 360일×360)
1월(月) 10,800도 (30일×360)	1월[會] 10,800년 (우주년의 30일×360)
1일(日) 360도 (1일)	1일[運] 360년 (우주년의 1일)
1시(時) 30도 (1일÷12)	1시[世] 30년 (우주년의 1일÷12)

그러면 양력은 어떻게 되는 것이냐? 양력은 그 잉여수를 처리하기 위해서 큰 달은 31일을 두고, 평월은 30일, 아주 작은 달 2월 같은 때는 28일이나 29일을 둔다.

이렇게 해서 그 잉여수를 처리하는 방법만 다르지 129,600도라 하는 수치는 똑같다. 단지 만든 방법만 다를 뿐이지, 한 하늘 밑에서 그 수치가 어떻게 다를 수 있나.

요컨대 초목농사를 짓는 지구년도 12만9천6백 도, 사람농사를 짓는 우주년도 12만9천6백 년, 머리털만큼도 틀리지 않는다. 그리고 그 둥글어가는 틀이 지구년도 생장염장, 우주년도 생장염장인 것이다.

지구 1년에는

봄에 초목을 내어 여름 동안 길러서,

가을에는 열매를 맺고 겨울에는 폐장을 하고,

새봄이 오면 다시 그 씨앗에서 새싹을 낸다.

그것과 같이 사람농사를 짓는 우주년이라는 것이 있다.

대자연이라 하는 것은, 우선 태양계 천체권만 해도 8대 행성으로 이루어져 있다. 태양을 중심으로 해서 수성, 금성, 지구, 화성, 목성, 토성, 천왕성, 해왕성 이렇게 여덟개의 행성으로 이루어져 있는데, 그 행성들 중에 물이 있고 산소가 있는 곳은 오직 여기 지구뿐이다. 그렇기 때문에 지구에서만 생물이 생성(生成)될 수가 있다. 만유의 생명은 다만 이 지구상에서만 생존을 한다.

그런데 그 만유 생명의 영장(靈長)이 뭐냐 하면 바로 사람이다. 사람이 만유 생명의 주체가 된다. 어째서 그러냐?

음양오행 원리로 말하면 다른 생명체들은 금(金) 기운만 타고나든지, 목(木) 기운만 타고나든지, 수(水) 기운만 타고나든지, 이렇게 오행 가운데 하나의 정기로써만 생겨져 나온다.

예를 들어 소는 수기(水氣)를 타고나서 성질이 느긋하고, 말은 화기(火氣)를 타고나서 성질이 불처럼 급하다. 말은 양(陽)이 되기 때문에 말발굽이 하나로 통굽이고, 소는 음기를 타고나서 그 발이 사람 주먹 두 개를 마주 댄 것처럼 두 쪽으로 되어져 있다.

그런데 사람은 목화토금수, 그 오행 기운을 전부 다 가지고 나왔다. 그래서 사람은 기거좌와(起居坐臥), 일어서고 앉고 눕기를 마음대로 하고, 또 천지를 대신해서 혜두(慧寶), '슬기 구

멍' 즉 지혜가 열려져 있다. 천지의 마음을 가지고 있는 것이
바로 사람이다. 사람으로서는 불가능이라는 것이 없다.

요컨대 다른 생명체는 하나의 정기만 타고 태어났으나, 사람
은 오행정기를 모두 다 타고나서 만유 생명의 주체가 된다.

그래서 천지의 목적이라 하는 것은 바로 사람농사를 짓는 것
이다! 천지는 그 하나의 목적을 달성하기 위해서 존재한다. 만
일 사람농사를 짓기 위함이 아니라 하면 천지는 하등의 존재
가치가 없는 것이다.

이런 말씀이 있다. "하늘땅은 일월이 없으면 빈껍데기요 일
월도 사람이 없으면 빈 그림자라." 일월이 없으면 만유의 생명
을 낳아서 키울 수가 없지 않은가. 그러니 일월이 없으면 천지
는 빈껍데기일 뿐이다. 또한 일월도, 만유 생명 중에 주체가 바
로 사람이기 때문에, 사람이 없으면 빈 그림자에 불과하다.

만일 사람이 없다고 할 것 같으면 천지일월은 아무짝에도 소
용이 없다. 천지일월은 초목농사를 지으려고 있는 것이 아니라
사람농사를 짓기 위해서 있는 것이다!

이야기를 조금 덧붙이자면, 이 대우주 천체권을 사진 찍어놓
고 보면 사람의 형체처럼 생겼다고 한다. 사지를 뻗고 있는 사
람의 모양이다. 사람은 바로 천지의 상징물이기 때문에 천지의
모형을 그대로 본떠서 그 형체가 만들어진 것이다.

주역(周易)이 생긴 지가 언제인가. 태호 복희씨●360가 시획팔괘(始劃八卦), 처음으로 팔괘를 그은 뒤 여러 천 년의 역사가 흘러내려 왔는데, 그 수많은 역사 과정에서 『주역』을 읽은 사람이 얼마나 많겠는가. 그러나 어지간히 『주역』을 아는 사람들도 "그건 점치는 책이다"라고 말한다.

그런데 주역이라 하는 것은 사실 '선천 봄여름 세상이 둥글어가는 비결'이다. 주역이 생겨난 지 근 6천여 년이 됐고, 이 세상이 처음 시작되면서부터 둥글어가는 그 이법의 결론을 그려냈건만, 이걸 아는 사람이 없다. 그래서 내가 그 이법의 결론을 밝히고자 이 대우주 천체권이 형성된 이후 처음으로 우주변화원리 도표를 그렸다.

우주년 12만9천6백 년을 바탕으로, 금목수화토(金木水火土)의 음양오행, 춘하추동, 동서남북 등 여러 가지를 다 붙여서, 분열 생장과정의 전반기 춘하(春夏)시대 6만4천8백 년과 통일 수장과정의 후반기 추동(秋冬)시대 6만4천8백 년으로 나누어 도표를 만들었다. 하늘땅이 생긴 이후로 우주원리를 교육시키는 데는 증산도밖에 없다. 이 증산도가 학문을 파는 전당은 아니지만, 우주변화원리 같은 건 사람이라면 누구라도 흥미를 갖고, "야, 그거 한 번 더 들었으면 좋겠다. 과연 참 재미난다. 그것도 모르고 살았구나"라고 한다.

우주변화의 원리

神人合一

萬事知 文化

知心大道術 文化
(道通 文化)

造化仙境

貞 智 水 北 冬 藏

빙하질대(氷代)
(선천개벽) (해빙기)

(六陰時代, 後天)
수렴통일 과정
64,800년

64,800년
생장분열 과정
(六陽時代, 先天)

土 信

利 義 金 西 秋 斂

人尊時代

秋斂, 成實之時

人人, 人地, 人天

生 春 東 木 仁 元

天尊時代

春生, 生物之始

天人, 天地, 天天

長 夏 南 火 禮 亨

地尊時代

夏長, 長養之時

地人, 地地, 地天

분열성장 극기(후천개벽)

가을 개벽기

인류문화 질적 대비약 단계
하추교역의 시간대

안운산 태상종도사님께서 8·15광복 다음 해인
1946년에 처음으로 이 도표를 그리셨다.

선천종교 진리의 핵심

	儒	佛	仙	西道
教理綱領	忠恕 執中貫一 存心養性	慈悲 萬法歸一 明心見性	感應 抱元守一 修心鍊性	博愛 三界唯一神 聖靈感化
三極	五皇極	太極(空)	十無極	極
主體性	三綱 五倫	三寶 五戒	三清 五行	十戒
目的	大同	極樂	太清	天國

우 주 변 화 의 원 리

내가 젊어서 포교할 때 우주변화원리를 이야기해 주면, 남자고 여자고, 늙은이고 젊은이고, 기독교를 믿는 사람이건 불교를 신앙하는 사람이건 마호메트를 믿는 사람이건, 그저 사람이라면 그렇게 다들 호감을 가지고 들었다. 이 우주변화원리는 지구상에 생존하는 사람이라면 누구도 다 배워야 한다.

우주원리라 하는 것은 증산도에만 국한된 것이 절대 아니다. 우주원리를 알 것 같으면 지구상에 있는 대학을 다 다닌 것보다도 낫다. 지구상에 있는 박사 수백 개, 수천 개를 받는 것보다도 낫다.

진리가 그 속에 다 들어 있다! 사는 진리도 그 속에 있고, 죽는 진리도 그 속에 들어 있다. 천지가 둥글어가는 이치, 죽고 사는 생사존망의 이치, 이 세상이 억만 년 동안 내려온 이치까지 우주변화원리 속에 다 들어 있다.

또한 모든 문화라 하는 것은 우주변화원리를 바탕으로 해서 미래의 극치의 문화, 유형문화와 무형문화가 하나로 합일된 열매문화, 알캥이문화, 결실문화, 통일문화로 매듭이 지어진다. 과거, 현재, 미래의 역사 과정이 우주변화원리를 벗어날 수가 없다.

결론적으로 말해서 우주변화원리를 통할 것 같으면, "상통천문(上通天文)" 하늘의 이법을 통하고, "하찰지리(下察地理)"

땅의 이치를 통하고, "중통인의(中通人義)" 사람 사는 이치를
꿰뚫어서 세상만사를 환히 통하게 되어, "무리불통(無理不通)"
이치를 통하지 않은 것이 없고, "무소부지(無所不知)라" 알지
못하는 바가 없게 된다.

우주변화원리는 지구상에 생존하는 사람이라면

누구도 다 배워야 한다.

진리가 그 속에 다 들어 있다!

사는 진리도 그 속에 있고, 죽는 진리도 그 속에 들어 있다.

천지가 둥글어가는 이치, 죽고 사는 생사존망의 이치,

이 세상이 억만 년 동안 내려온 이치까지

우주변화원리 속에 다 들어 있다.

우주년의 전반기 봄여름 세상과 후반기 가을겨울 세상은 서로 어떻게 다른가?

우선 지구년에서 봄여름 세상은 더운 때고, 가을겨울 세상은 추운 때다. 봄여름 세상은 물건을 내서 기르는 때고, 가을겨울 세상은 결실을 해 놓고 죽어 버리는 때다. 또 사람이 생활을 하는데 있어서는 봄여름에는 얇은 옷을 입어야 하고, 가을겨울에는 두꺼운 옷을 입어야 한다.

그와 같이 우주년의 봄여름 세상과 가을겨울 세상, 다시 말해서 선천 세상과 후천 세상이라는 것은 서로 상반된 세상이다. 봄여름 세상이라 하는 것은 화수미제(火水未濟)●360가 되어서 상극(相克)이 사배(司配)●360한 세상이고, 가을 세상은 수화기제(水火旣濟)●360가 돼서 상생(相生)의 문화가 열리는 때이다.

봄여름은 삼양이음(三陽二陰)이 돼서 양이 음보다 하나 더 많은 때다. 양(陽) 세상이 돼서 공기도 더운 때고 사람도 남존여비가 되는 때다. 생긴 것부터 남자는 키도 크고 힘도 세고, 여자에다 대면 강하고 우직하지 않은가. 그러하고 보니 음은 양의 부속품밖에 될 수 없었던 것이다.

그런데 가을겨울이라 하는 것은 음(陰) 세상이다. 음기가 하나 더 많아서 양 기운은 음 기운한테 치여서 삼음이양(三陰二陽)이 된다.

- 우주년의 가을겨울 세상
- 결실을 하는 통일성숙 과정
- 음이 양보다 많은 시대
- 상생의 문화가 열리는 때
- 남녀동권 시대

후천

藏
우주년의
겨울

斂 우주년의
가을

生
우주년의
봄

우주년의
여름

長

선천

- 남존여비 시대
- 상극이 사배한 세상
- 양이 음보다 많은 시대
- 물건을 내서 기르는 분열생장 과정
- 우주년의 봄여름 세상

앞으로 인류가
맞이할 세상

지금까지 인류가
살아온 세상

인간이 살아가는 두 세상, 선천과 후천
선천은 억압에 눌려 제 마음대로 할 수 없는 상극의 세상이요
후천은 서로 살려주고 도와주는 상생의 세상이다

지금은 남자가 주체가 되고 여자는 남자에게 종속이 되어 있지만, 앞 세상은 음양이 바꾸어져서 여자가 주체가 되고 여자의 권리가 신장된다. 그렇다고 해서 여존남비가 되는 것은 아니고 남녀동권(男女同權) 시대가 된다.

　　묶어서 말하면 지나간 세상은 상극이 사배한 세상이고 앞으로 다가오는 세상은 상생의 세상이다. 선천은 상극이요 후천은 상생이다. 상극을 이화(理化)시켜서 상생의 세상이 열리는 것이다.

　　지나간 세상은 억압에 눌려 제 마음대로 살 수 없던 세상이지만, 앞으로는 상생의 문화가 열려서 서로 살려주고 도와주고 해서 은의(恩義), 은혜와 정의로써 살아간다.

　　정치인들이 요새 성생의 정치를 부르짖는데, 내가 언젠가 이런 말을 했다. "상생의 정치를 찾는 것은 증산도의 '새 시대 새 진리'를 찾는 말이요 '가을철 새 문화'를 실현시키자는 소리다"라고.

　　상생의 정치, 그게 증산도 진리가 나온다는 소리다. 증산도 진리가 나오면 상생의 대도, 새 시대 새 문화, 가을문화, 결실문화, 통일문화가 열린다.

　　그 사람들이 알건 모르건, 상생은 바로 증산도의 내용 이념이다. 상생의 원 번지수가 바로 증산도이다.

지나간 세상은

억압에 눌러 제 마음대로 살 수 없던 세상이지만

앞으로는 상생의 문화가 열려서

서로 살려주고 도와주고 해서

은의(恩義), 은혜와 정의로써 살아간다

천지를 대신하는 존귀한 존재인 사람이 살아가는 데는 생활문화라는 것이 있는데, 인류는 이 생활문화를 발전시키느라 창조의 경쟁을 해 왔다.

한 동네에도 여러 사람이 사는데 김 서방보다 박 서방이 농사를 더 유리하게 짓기도 하고, 박 서방보다 최 서방이 더 좋은 방법을 연구해서 좀 더 유리하게 농사를 짓기도 한다. 이렇게 인류 역사는 창조의 경쟁을 해서 오늘날까지 내려온 것이다.

우선 원시시대에는 부족과 부족끼리 서로 경쟁도 하고 싸움도 했다. 하나 예를 들면 A라는 부족장이 B라는 부족장의 딸을 보니 기가 막히게 이쁘고 잘 생겼다. 해서 자기 부하에게 말하기를 "가서 그 딸을 내게 바치라 해라"고 한다. 그러면 그 B부족장은 자존심이 상해서 안 바칠 것 아닌가. 했더니 A부족장이 다시 부하에게 "그놈 참 나쁜 놈이다. 가서 손 좀 봐줘라. 병정한 100명만 더불고 가서 말로 해서 안 들으면 뺏어 와라" 한다. 그런데 B부족장에게도 군사가 있다. 해서 서로 싸움이 붙는다.

그러면 뭘 가지고 싸웠겠나? 그 세상에는 흙덩이, 돌, 그런 것밖에 없다. 그게 무기였다.

그렇게 돌 같은 걸 가지고 팔매질을 하며 한참을 싸워 내려왔다. 그러다가 노벨상 탈 만한 어떤 사람이 하나 떡 나와서 나무 몽둥이를 만들고, 나중에는 죽창 같은 것까지 등장했다. 목극토(木克土)인 것이다.

그런 목물(木物) 무기를 가지고 한동안 싸우다가 다시 쇠붙이 무기가 나왔다. 철퇴도 나오고, 도끼도 나오고, 창도 나오고, 칼도 나왔다. 금극목(金克木)이다.

또 한참 그렇게 금속 무기로 싸우다가 불 무기, 화공(火攻)이 발명되었다. 화극금(火克金)이다. 지금까지도 불 무기다. 핵무기까지 등장하지 않았는가.

그런데 이제 앞으로는 수극화(水克火)가 된다. 이 물은 그냥 물이 아니고 북방 1·6수(水) 현무(玄武)다. 북방 현무는 조화(造化)를 뜻한다. 조화란 형상도 없고, 냄새도 없고, 빛깔도 없다. 앞으로는 수극화해서, 불 무기가 완전히 제어되는 조화문화가 나오는 것이다.

목극토, 금극목, 화극금, 수극화! 역사의 발전 과정이라는 것은 그렇게 되는 수밖에 없다!

사람들이 오행의 상생, 상극 원리●361를 응용하려고 해서 인류 역사가 그렇게 발전해 온 것이 아니라, 자연적으로 그렇게만 되게끔 천지의 이치가 이미 정해져 있는 것이다. 천리(天理)가 생장염장의 틀 속에서 성숙해 감에 따라 인류 문화도 또한 천리와 더불어 성숙되는 것이다.

　　동서남북을 목화토금수의 오행으로 보면, 북쪽은 물(水)이요, 동쪽은 나무(木)요, 남쪽은 불(火)이요, 서쪽은 금(金)이요, 중앙은 토(土)다. 그리고 1년 4계절의 변화를 오행으로 이야기하면, 겨울은 물이요, 봄은 나무요, 여름은 불이요, 가을은 금이다.

　　그런데 만유의 생명체는 물에서 생겨난다. 물은 북방 수기(水氣), 겨울이지 않은가. 겨울의 물이 수생목(水生木)해서 봄철의 목을 생하여 주고, 봄철의 목이 목생화(木生火)해서 여름철의 화를 생하여 준다.

　　다시 말해서 겨울, 즉 수기운이 왕성한 계절에서 수생목해서 봄의 목기운이 왕성한 계절로 넘어가고, 목왕지절(木旺之節)이 목생화해서 여름의 불기운이 왕성한 계절로 넘어간다.

　　수생목해서 우주년의 봄철이 되면 만유의 생명체가 대자연의 생명력에 의해서 새싹을 틔우고, 목생화해서 여름철이 되면 그 새 생명체를 성장시킬 수 있는 자연 환경이 조성되어 각색 생명체가 극치로 분열 발달하게 된다.

　　해서 지금 이 지구상에는 65억의 인구가 생존하고 있다. 천지에서 봄철에 사람을 내어, 초목이 여름철에 만산편야(滿山遍野), 온 산과 들에 퍼지듯이, 그렇게 사람을 길러내 왔다. 천지가 봄에 사람 씨종자를 뿌린 이래로 지금까지 그 유전인자가 자자손손(子子孫孫) 계계승승(繼繼承承), 전해지고 또 전해져서 지금의 내 자신에게까지 유전이 되어 현재 65억이라는 세계 인구로 팽창되었다.

묶어서 말하면 그동안 전 인류가 살아온 역사 과정이라는 것은 봄여름의 세상이었다!

지구촌을 돌아다니면서 보면, 쓸 만한 곳은 땅 한 조각 버려진 데가 없이 사람 씨알로 가득히 찼다. 어지간한 사람은 다 세계여행을 해봤을 것 아닌가. '저 산 너머 가면 어디 한가한 땅이 조금이라도 있을라나?' 하고 가보면 거기도 역시 마찬가지다. 우주변화원리를 따지기 이전에 세상을 돌아다니면서 현실을 살펴보면 사람이 초만원이다.

그러나 그렇다고 무제한적으로 자꾸 생식만 되지는 않을 것 아닌가. 때가 제한을 시킨다. 어느 시점에 가서는 제한이 된다는 말이다.

　　우주년도 지구년이 둥글어가는 방법과 똑같이 생장염장의 법칙으로 둥글어가는데, 우주 1년의 변화 과정을 가만히 살펴보면, 봄에는 물건을 내고 가을철에는 죽이는 것뿐이다.

　　천지라 하는 것은 바로 춘생추살(春生秋殺)만 거듭 되풀이한다. 봄에는 내고, 가을에는 죽이고! 내고 죽이고, 내고 죽이고! 천지는 바로 이것을 위해서 일초 일각도 쉼 없이 둥글어가는 것이다. 그 이상 아무것도 없다. 그런데 지구년의 추살이라 하는 것은 열매를 맺어 오곡이 풍등하니 "천고마비지추(天高馬肥之秋)라", '하늘은 높고 말은 살찌는 계절이구나. 풍성한 가을이로다' 하고 가볍게 넘어갈 수도 있다. 하지만 우주년은 다르다. 우주년의 추살은 직접 사람을 개벽하기 때문에, 원칙적으로 이 지구상에 한 사람도 못 살게끔 되어 있다.

　　가을개벽에는 그 어떤 누군가가 죽이는 것이 아니고, 춘생추살이라는 이법에 의해서 천지에서 죽이는 것이다. 지구년의 가을에 상설(霜雪), 서릿발과 눈발이 내려서 풀 한 포기도 안 남기고 초목을 다 말려 버리듯이 말이다.

　　우리 인간의 욕심으로 보면, '그것 참 말이 안 되는 소리다. 도대체 왜 죽이느냐?' 고 생각할지도 모른다. 우리가 초목이라고 할 때, '가을철에 왜 상설 기운이 와서 우리를 다 죽이느냐?' 하고 억울해 할 수도 있다. 그러나 사장(死藏)이 없으면 그 다음 생명체를 다시 낼 수가 없다. 그게 천지의 이법이다.

천지 이법이 이렇게 생사양로밖에 없는데, 이번에는 죽이는 때이다. 참으로 야속하고 원망스럽지 않은가? 나도 죽고 너도 죽고, 박가도 죽고 김가도 죽고 최가도 죽고, 중국사람도 죽고 일본사람도 죽고 미국사람도 죽고, 다 같이 죽는다. 부자도 죽고 천하에 귀한 사람도 죽고, 늙은이도 죽고 젊은이도 죽고, 금방 생겨난 애기도 죽고 열 살 먹은 어린이도 죽고, 지식 있는 학자도 죽고 무식쟁이도 죽고, 대장도 죽고 졸병도 죽고, 심술쟁이도 죽고 착한 사람도 죽는다. 천지의 정사(政事)가 그렇게 되어져 있다.

천지는 작년에도 봄철에 물건 내서 가을철에 죽어 버렸고, 재작년에도, 십 년 전에도, 백 년 전에도 그랬고, 백 년 후도 그럴 것이다. 그런데 상제님께서 이런 말씀을 하셨다.

"장차 천지에서 십 리에 사람 하나 볼 듯 말 듯하게 다 죽이는 때에도 씨종자는 있어야 하지 않겠느냐!"

십리면 4킬로미터 아닌가. 4킬로에 한 사람 볼 듯 말 듯하게 다 죽이는 때에도 씨종자는 있어야 하지 않겠는가! 다 죽으면 하늘땅밖에 남지 않는데, 그것을 어떻게 하나. 그래서 상제님께서 '다만 씨종자라도 있어야 되지 않겠느냐'고 말씀하신 것이다.

봄에는 물건을 내고 가을철에는 죽인다! 그렇건만 이것을 알고 사는 사람이 없다. 혹시 안다 하더라도 '자연 그렇거니' 하고 말테지.

그런데 지금은 이것을 반드시 알아야만 하는 때다. 왜 그러냐하면 우리가 살고 있는 이 시점이 바로 여름과 가을이 바뀌는 하추교역기(夏秋交易期)이기 때문이다.

이 우주의 하추교역기에는 개벽을 한다!

다시 말해서 지금은 사람개벽을 하는 때다. 사람개벽은, 지구 1년에서 가을이 되면 봄여름에 내서 기른 진액을 전부 뽑아 모아 열매를 맺어놓고는 풀 한 포기 남기지 않고 다 말려 버리는 초목개벽과 같은 것이다. 해서 사람개벽을 한다는 것은 천지가 지난 신천 5만 년 동안 낳고 기른 인간의 씨종자를 추리는 것이다. 지금은 천지에서 사람의 알캥이를 결실하는 때다.

봄에 물건 내서 여름철에 기르는 것은 다만 가을철에 결실 하나를 맺기 위해서이다. 가을에 결실을 하지 못하면 봄여름이라 하는 것은 있어야 한 푼어치도 필요치 않은 과정이다.

그러면 어떻게 씨종자를 추리느냐?

천지가 원시시대에 사람 씨종자를 퍼뜨리고서 전쟁이니 자연재해니 인재(人災)니 각양 각색의 변천사를 겪어가며 지금 이 시간까지 사람농사를 지어 왔는데, 그 기나긴 역사 속에서 각 성씨(姓氏)의 모든 조상신들이 어떻게 생활해 왔는가를 평가하여 그 선악의 업적에 따라 자손들의 씨종자를 추리게 된다.

농부들이 농사를 지어서 수확을 많이 하면 '풍년 들었다' 하고, 수확이 없으면 '흉년 들었다' 고 한다. 그렇듯이 지난 봄여름 세상을 살다간 사람들 중에 좋은 사람들이 많이 살았으면 이번에 사람 씨종자도 많이 건질 것이고, 세상에 해를 입힌 사람들이 많았으면 이번에 살아남을 사람이 적을 것이다. 천지대세가 그렇게 되어 있다.

이번에 천지의 질서가 바꾸어진다. 봄여름의 '내서 키우는' 질서가 종식이 되고, 가을겨울의 '거둬들이고 폐장을 하는' 질서로 바뀐다는 말이다. 지구상에 65억 인류가 살고 있는 이 시점은 바로 가을의 새 시대로 들어가는 길목인 것이다.

사람은 천지 이법에 의해 생겨나서 왔다 가는 것이다. 생겨 나고 싶어서 생겨나고, 크고 싶어서 크고, 늙고 싶어서 늙는 사 람은 단 한 사람도 없다. 다만 생로병사라는 자연 섭리에 의해 왔다 가는 것이다.

해서 사람은 순리대로 살아야 된다. "순천자(順天者)는 흥(興) 하고 역천자(逆天者)는 망(亡)이라", 천지이치에 순응해서 사는 사람은 잘되고, 천지이치를 거스르는 사람은 망하는 수밖에 없 다.

천지 이법을 거스르고 무슨 재주로 살 수가 있겠는가. 천지 이법, 자연 질서라 하는 것은 잡아당기지도 못하고, 밀지도 못 하고, 멈추게 하지도 못하는 것이다. 돈이 억만 금이 있어도 소 용없고, 지구에 있는 것이 다 제 것이어도 소용없고, 핵폭탄을 백 개 가지고 있어도 소용이 없다. 무엇으로써도 자연 이법에 도전을 할 수는 없는 것이다.

"지천하지세자(知天下之勢者)는 유천하지생기(有天下之生氣) 하고" 천하의 대세를 아는 자에게는 천하의 살 기운이 붙어 있 고, "암천하지세자(暗天下之勢者)는 유천하지사기(有天下之死 氣)라" 천하의 대세에 어두운 자에게는 천하의 죽을 기운밖에 없다.

지금은 천지의 철이 바뀌는 때다! 이것을 모르면 죽는 수밖에 달리 아무런 방법이 없다.

철에 대한 이런 말씀이 있다. "시속에 절후를 철이라 하고 어린아이의 무지몰각한 것을 철부지라 하여 소년으로도 지각을 차린 자에게는 '철을 안다' 하고, 노인도 몰지각하면 '철부지한 아이와 같다' 고 한다."

나이가 백 살을 먹고 박사 학위가 백 개라도, 세상 돌아가는 철을 모르면 아무짝에도 소용이 없다. 지식은 현실과 연결이 되어야지, 현실과 연결이 되지 않으면 무슨 소용이 있겠는가! 사장(死藏)된 지식일 뿐이다. 다만 공상과 이상에 매몰된 지식일 뿐이다. "문불병인(文不病人)이요 인자병(人自病)이라", 글이 사람을 병들게 한 것이 아니라 사람이 스스로 문자에 도취되어 병이 든 것이다.

때는 바야흐로 하추교역기!

다시 한 번 말하거니와 지금은 천지의 철이 바꾸어지는 때다.

　　동양의 학문으로 말하면, 우리는 그동안 주역의 세상을 살아왔다. 주역 세상에서는 지구의 공전궤도가 타원형(楕圓形), 계란 같은 형으로 되어 있다.

　　그런데 앞으로 다가오는 세상은 정역(正易)의 세상이 된다. 정역은 가을겨울 세상이 둥글어가는 이법을 그려 놓은 것이다. 정역 세상에는 지구가 어떻게 둥글어가느냐 하면, 지구의 공전궤도가 공 같은 형, 즉 정원형(正圓形)으로 바꾸어진다.

　　이렇게 타원형 궤도가 정원형으로 바뀔 것 같으면, 바다가 솟아서 육지가 되는 곳도 있고, 또한 육지가 무너져서 물속으로 빠져버리는 곳도 있다. 그건 순간적으로 그렇게 되는 것이지, 오늘 조금 개벽하고 내일 조금 개벽하고 그렇게 시간을 두고 끄는 것이 아니다.

　　세상 사람들이 알고 얘기하건 모르고 얘기하건 간에, 세간에는 이런 말이 떠돌고 있다. 일본은 땅덩어리가 거의 다 물속으로 빠져버려서 한 20만 명밖에는 못 사는, 한 조각 땅덩어리만 남는다는 말도 있고, 미국 대륙은 두 쪽이 나서 로스앤젤레스 같은 곳은 물속으로 다 들어가 버리고 아무것도 안 남는다는 등 여러 가지 설이 있다. 그런데 사실 알고 보면, 이 모든 것은 바로 지축이 정립되는 앞으로의 상황을 말한 것이다.

앞으로 지축이 바로 서고 지구가 궤도 수정을 해서 정역의 세상이 되면 춘하추동 사시(四時)의 구분이 없어진다. 지금은 오뉴월 긴긴 해라든지 동지섣달 긴긴 밤이라든지, 또 여름철에는 너무 덥고 겨울에는 너무 춥다든지, 여러 가지가 맞지를 않는데 정역의 가을 세상이 되면 그런 것이 1년 내내 한결같이 다 고르게 된다.

그때는 "일출월몰(日出月沒)하고" 해가 나오면 달이 지고, "월출일몰(月出日沒)하여" 달이 나오면 해가 떨어져서, "무대소지월(無大小之月)하고" 크고 작은 달이 없어지고, "무사시장춘(無四時長春)이라" 사시가 없는 긴 봄이 된다. 봄도 봄이요 여름도 봄이요 가을도 봄이요 겨울도 봄이 된다는 말이다.

그런데 우리가 살고 있는 이 시대는 산업사회 경제전쟁 시대가 돼서, 사람들이 당장 이득이 없는 일은 관심조차 갖지 않는다. 이런 문제를 생각하는 사람이 하나도 없다. 이 주역 세상이 무제한적으로 천지의 계절적인 변화작용도 없이 그저 그렇게 둥글어가는 줄로만 안다.

그러나 이 세상에는 머지않아 지축이 바로 서는 개벽이 온다는 것을 알아야 한다!

2004년 연말에 인도네시아를 중심으로 태국이니 스리랑카니 그 인근 지역에서 바다 속 땅이 뒤집혀 쓰나미가 터졌다. 해

一 우주는 어떻게 둥글어가나

51

서 수백만 명의 사상자와 이재민이 생겼는데, 그건 다만 국지적인 사건일 뿐이요, 또한 지구 궤도 수정의 전주곡일 뿐이다. 그건 그저 감기 걸리려고 "에췌!" 하고 재채기 한두 번 하는 것에 불과한 것이다.

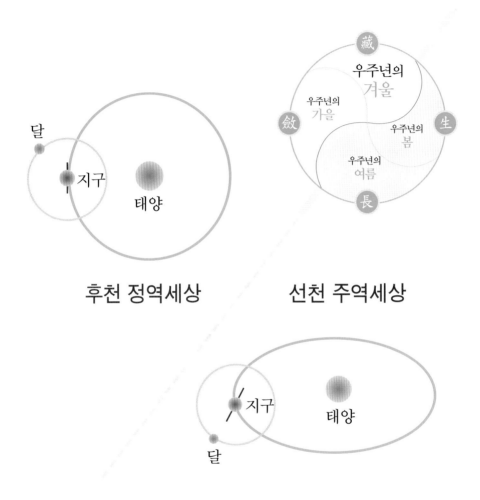

후천 정역세상   선천 주역세상

앞으로 다가오는 세상은 정역의 세상
장차 지축이 바로 서고 지구의 공전궤도가 정원형으로 바뀐다 그러면 왜 개벽이 일어나느냐?

그 이유는 음양오행으로 말해서 금화교역(金火交易)에 있다. 우리가 살고 있는 이 시점은 금 기운과 화 기운이 교역을 하는 때다. 금화교역, 여름 불(火) 시대에서 가을 금(金) 시대로 넘어가는 때란 말이다.

그런데 '쇳덩이를 불에 넣으면 다 녹아버리듯'(火克金) 금화가 서로 상극이 되어서 개벽이라는 대변혁이 일어난다. 겨울에서 봄으로, 봄에서 여름으로 넘어갈 때는 수생목, 목생화해서 상생이 되어지는데, 여름 화왕지절(火旺之節)에서 가을 금왕지절(金旺之節)로 넘어갈 때는 화극금을 해서 상생이 되어지지 않기 때문에 거기서 개벽이 일어나게 되는 것이다.

대우주 천체권이 형성될 때부터 이 우주, 천지라 하는 것은 꼭 이렇게만 둥글어가도록 아주 틀이 짜여져 있다. 달리 둥글어갈 무슨 방도가 전혀 없다. 그건 알기도 어렵지만, 또 막상 알고서 보면 그렇게 되어질 수밖에 없이 그 틀이 천지 이법으로 정해져 있다. 이것은 아주 '갱무(更無)꼼짝'이다. 다시 어떻게 꼼짝할 수 없는 것이다.

이번에는 필연적으로 개벽이 오게 되어져 있다. 지구년의 초목농사도 그렇고, 우주년의 사람농사도 그렇고, 금화가 교역하는 하추교역기에는 반드시 개벽이 일어난다.

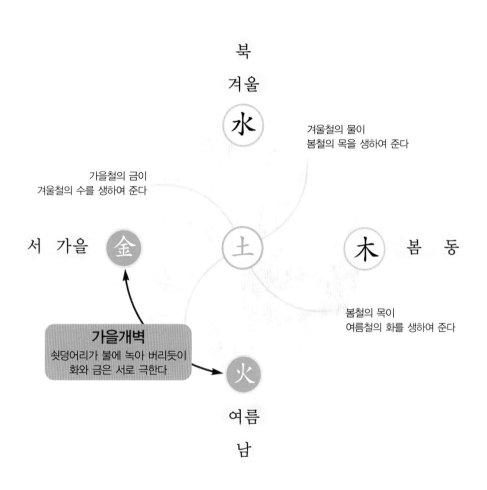

북
겨울

水

겨울철의 물이
봄철의 목을 생하여 준다

가을철의 금이
겨울철의 수를 생하여 준다

서 가을 　金　　　土　　　木　봄 동

가을개벽
쇳덩어리가 불에 녹아 버리듯이
화와 금은 서로 극한다

봄철의 목이
여름철의 화를 생하여 준다

火

여름

남

가을개벽의 이치

여름에서 가을로 넘어갈 때는 화극금(火克金)을 해서
상생이 되어지지 않기 때문에 거기서 개벽이라는 대변혁이 일어난다 그러면 여름과 가을은 화극금으로 상극이 돼서 바로 이어질 수가 없이 되어져 있는데, 어떻게 10년 전도, 5년 전도, 작년도, 그리고 앞 세상에도 춘하추동 사시로 연결이 되느냐? 화극금으로 상극이 붙어서 여름에서 끊어질 수밖에 없는데 어떻게 가을로 이어질 수가 있느냐?

바로 중앙에 토(土)가 있기 때문이다! 토가 여름의 불과 가을의 금을 이어주는 것이다.

수화금목이라는 것은 토를 떠나서는 존재할 수가 없다. 나무(木)도 흙을 떠나서는 살 수가 없고, 물(水)도 흙을 떠나서는 존재할 수가 없고, 쇳덩이(金)도 흙을 떠나서는 존재할 수가 없다.

그리고 불(火)도 흙과 상생을 한다. 불로써 다 타버리면 무엇이고 도로 흙이 되지 않는가. 불이 화생토(火生土)가 되어 토로 돌아가는 것이다.

화생토를 다시 말하면, 여름의 불이 중앙 토궁(土宮)으로 들어간다. 그러면 그 토가 여름의 불을 다 흡수해 버린다. 그리고는 마치 어머니가 아들을 잉태해서 낳아놓듯이 불을 이화해서 가을 세상 금신(金神)을 탄생시킨다. 토가 자신의 대이상향에 의해 가을 세상을 창조하는 것이다.

지구년도 그렇고, 우주년도 그렇고, 천지가 둥글어가는 이법의 핵심은 화극금해서 상극으로 끊어지는 세상을 토가 중앙에서 상생으로 받아들여 화생토(火生土)・토생금(土生金)을 해서 가을 세상을 열어 주는 것이다.

그런데 그 토는 바로 미토(未土)이다.

진술축미(辰戌丑未), 이 네 개의 토 중에서 진술축은 다 5토이고, 오직 미토만이 가을 결실을 할 수 있는 완성된 토, 10토이다. 바로 10미토(未土)이다.

미토 중에서도 신미(辛未)●362의 미토다! 미토라는 것이 을미(乙未)도 있고, 정미(丁未)도 있고, 기미(己未)도 있고, 계미(癸未)도 있지만, 가을 세상으로 이화할 수 있는 미토는 오직 신미토(辛未土)뿐이다.

그러면 왜 꼭 신미의 미토라야 하는가?

신(辛)은 바로 '열매 맺을' 신이기 때문이다.

1년에도 득신(得辛)●362 철에 2일 득신, 5일 득신이라고 하듯이 그 신(辛) 자는 열매 맺을 신 자다. 정월 초하룻날이 경자(庚子)일이라면 그 다음날이 신축(辛丑)일이 아닌가. 그 신 자가 이틀째 닿으니까 그걸 2일 득신이라고 한다.

오직 신미만이 '알캥이를 여물 수 있는', '새 세상을 창출할 수 있는' 미토인 것이다.

이렇게 미토라도 '열매 맺는' 신미토라야 되기 때문에, 하추 교역기에 인간의 몸을 빌어 강세(降世)하시는 우주의 주재자이며 통치자이신 절대자 참하나님은 반드시 꼭 신미생(辛未生 : 1871년)으로 오시게끔 되어져 있다. 대우주 천체권이 형성될 때부터 우주변화 법칙상, 법칙적으로 그렇게 이미 정해져 있다.

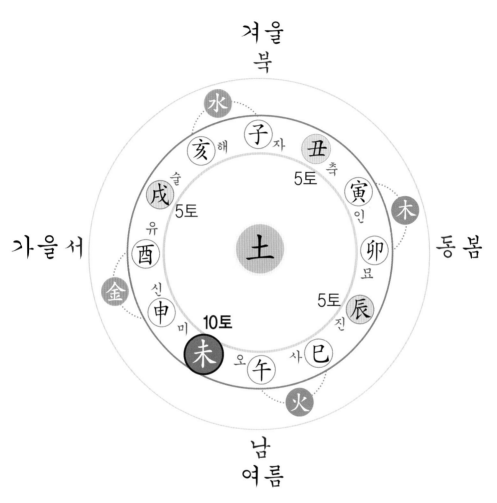

겨울
북

水

亥 해　　子 자　　丑 축

戌 술　　　　　　　　　　寅 인　　木

5토　　5토

가을 서　　酉 유　　土　　卯 묘　　동 봄

金　　申 신　　　　　　5토　　辰 진

10토

未　　午 오　　巳 사
미

火

남
여름

오직 미토(未土)만이 가을결실을 할 수 있는 완성된 토
이 미토 중에서도 신미(辛未)만이
새 세상을 창출할 수 있는 토이기 때문에 상제님이 신미생으로 탄강하셨다

천지의 도

춘생추살

天地의 道

春生秋殺

二.

기존 문화권을 매듭짓고

새 세상을 여신 참하나님 증산 상제님

지구년에서는 농부가 천지의 시간 질서에 적응을 하여 봄철이 되면 곡식 씨종자를 뿌리고, 여름철에는 김을 매서 가꾸고, 가을철에 천지에서 결실해주면 필요에 의해 추수를 한다. 이와 같이 우주년에는 사람농사를 짓는 우주의 절대자 하나님, 다른 말로 옥황상제님이 계신다.

옥황상제님이 누구인지 알기 쉽게 말하면 천 년 전, 2천 년 전, 5천 년 전 옛날 임금들이 날씨가 너무 가물어지면 옥황상제님에게 기우제(祈雨祭)를 지냈다. "상제님이시여, 비를 내려주시옵소서. 비가 오지 않아 농사를 폐하고 불쌍한 백성들이 모두 도탄에 빠지게 되었습니다" 하고 상제님에게 천제(天祭)를 모신 것이다.

이렇게 우주에는 사람농사를 짓는 우주의 절대자, 옥황상제님이 계신다. 그러면 옥황상제란 무슨 뜻이냐?

하늘나라에서 우주의 통치자가 계신 곳을 옥경(玉京)이라고 한다. 그 옥경에 계신 하나님이 옥황상제님이시다.

상제●363는 윗 상(上) 자, 임금 제(帝) 자다. 윗 상 자는 '가장 위다, 더 이상 위가 없다, 더 높은 자가 없다'는 뜻이다. 그리고 임금 제 자는 본래 하나님 제(帝) 자다.

그래서 옥황상제라고 할 것 같으면 '옥경에서 만유를 다스리시는 원(元) 하나님, 가장 높으신 하나님'을 말한다. 상제님이 만유을 다스린다는 것은 만유를 임의대로 부린다는 것이 아니라, 농부가 자연 이법을 응용해서 농사를 짓듯이 그렇게 다스리는 것을 말한다.

옥황상제님을 정치제도로 말하면 천자요 국왕이다. 옛날 말에 "보천지하(普天之下)에 막비왕토(莫非王土)라", 넓은 하늘 밑에 임금의 땅이 아닌 데가 없다는 말이 있다. 천자가 되면 하늘도 그 천자의 하늘이요, 땅도 그 천자의 땅이요, 사람도 다 말할 것도 없다. 그렇듯이 천상의 옥경에는 하늘과 땅과 인간 세상을 통치하는 통치자 하나님, 옥황상제님이 계신단 말이다.

그런데 가을철이 되면 농부가 추수를 하듯이, 사람개벽을 해서 씨종자를 추리는 때에는 바로 이 우주의 옥황상제님, 참하나님께서 사람농사를 추수하기 위해 꼭 오시게끔 되어져 있다. 해서 이제 하추교역기의 결실철이 되어서 인간추수를 하기 위해 참하나님이 사람 사는 세상에 내려오셨다!

우리가 일상으로 먹는 참기름이 있는데, 참깨로 기름을 짜면 참기름이라고 한다. 그런데 세상에서 자꾸만 가짜 참기름이 나오다 보니 참기름 앞에다가 진짜를 덧붙인다. "이건 진짜 참기름이다" 하고 말이다. 상제님에 대해서도 내가 세상에 맞춰 말을 하느라고 "참하나님이다. 진짜 참하나님이다"라고 한다. 하나님이면 됐는데도, 진짜 참하나님이라고 말이다.

63

우리는 천지에서 죽이는 시점에 태어났다. 그런데 다행히도 참하나님이 오셔서 씨종자 추릴 방법을 가르쳐 주고 가셨다. '이러이러 하게 해서 너희들도 살고 많은 사람을 살려라' 하고 그 방법을 일러주고 가셨다. 삼계대권(三界大權)을 지니신 우주의 절대자 하나님이 지구에 출장을 왔다 가신 것이다. 지구에 한 40년 계셨으니, 우주년으로 계산하면 그저 두어 시간 인간 세상에 출장을 오신 것이다.

내가 신도들을 교육시키기 위해 태을궁(太乙宮)에 오고 가는데 한 서너 시간 걸린다. 마찬가지로 참하나님께서 개벽 공사(公事)를 집행하기 위해서 인간 세상에 몇 시간 왔다 가신 것이다. 딴 사람은 올 수도 없고 와도 아무런 소용이 없다.

그런데 상세님은 어떤 부름을 받아 인간 세상에 오신 것이 아니다. 상제님이 오신 것은 우주의 통치자, 옥황상제님으로서 천지인 삼계를 위해서 반드시 그렇게 해야 되는 책무 때문에 스스로 오신 것이다.

가을철이 되면 농부가 추수를 하듯이,

사람개벽을 해서 씨종자를 추리는 때에는 바로

이 우주의 옥황상제님, 참하나님께서

사람농사를 추수하기 위해

꼭 오시게끔 되어져 있다.

해서 이제 하추교역기의 결실철이 되어서

인간추수를 하기 위해

참하나님이 사람 사는 세상에 내려오셨다!

상
제
님
은

삼
계
를

마
름
질
하
는

주
재
자

하
나
님

상제님은 우주의 주재자(主宰者)로서 이 세상에 오셨다.

주재자의 임금 주(主) 자는 맡는다, 주장한다는 의미이고, 재상 재(宰) 자는 맡아 다스릴 재 자, 마름질할 재 자다. 옛날에 삼조육경(三曹六卿)의 재상들이 자기네들 재량껏 임금님에게 결재를 받아 나라 살림을 맡아서 다스렸다. 하기 때문에 재상 재자가 마름질할 재 자인 것이다. 해서 주재란 '마치 옷감을 마름질하듯이 당신의 대이상향에 따라 필요에 의해 세상을 마름질한다'는 뜻이다.

상제님은 천계(天界)를 마름질하고, 지계(地界)를 마름질하고, 인간세상(人界)을 마름질하는 주재자이시다. 삼계대권으로 하늘 일도, 땅 일도, 사람 사는 세상일도 당신의 대이상향에 의해 마름질을 할 수 있는 절대자이시다.

그런데 삼계를 마름질한다는 것은 무슨 말인가?

봄여름 선천 역사 과정에서 이루어진 무엇인가가 있을 것 아닌가. 좋은 것도 있고 그른 것도 있고, 바로 그것을 재료로 해서 상제님께서 천리(天理), 하늘 이치와 지의(地義), 땅 이치와 인사(人事), 인간세상 이치에 합하는 최선의 방법으로 새 세상이 둥글어갈 새 틀을 짜셨다는 말이다.

상제님은 "여천지(與天地)로 합기덕(合其德)하고" 천지와 더불어 덕을 같이하고, "여일월(與日月)로 합기명(合其明)하고"

일월과 더불어 그 밝음을 같이하고, "여사시(與四時)로 합기서(合其序)하고" 사시와 더불어 그 질서를 같이하고, "여귀신(與鬼神)으로 합기길흉(合其吉凶)하는" 귀신과 더불어 좋고 그른 것을 같이하는 우주의 주재자이시다. 상제님은 인간 강증산이 아니고 천지의 주체로서, 천지를 다스리고 역사를 통치하시는 우주의 주재자 참하나님이신 것이다.

그런데 인류 역사를 통해 유불선(儒佛仙)의 어떤 성자도 '상제님이 오셔서 이 세상을 매듭짓는다'고 하는 결정적인 예언을 하지 않은 성자가 없다.

우선 불가에서는 '미륵이 출세한다'고 했다. 석가모니가 3천 년 전에 말하기를 '나의 도는 3천 년까지다. 3천 년 후에는 미륵부처님이 오신다'고 하면서 자기 아들 라훌라에게 '너는 미륵부처님을 따르라'고 했다. 그것이 불교의 결론이다.

또 서교(西敎) 즉 기독교에서는 예수가 무슨 말을 했느냐 하면, '나도 아버지 하나님이 보내서 왔다'고 했고, 사도 요한은 '장차 백보좌 하나님이 오신다'고 했다.

또한 유교와 도교에서는 본래부터 우주의 절대자로 옥황상제님을 받들어 왔다.

미륵부처님, 아버지 하나님, 백보좌 하나님, 옥황상제님, 그분이 누구냐 하면 바로 증산 상제님이시다. 사람과 문화권이 각각 다르기 때문에 그 표현은 다를지언정 다 같은 말을 한 것이다. 그게 다 금화교역기, 사람 씨종자를 추리는 때에 상제님께서 이 세상에 강세하시어 새 문화권으로 새 시대를 연다는 것이다.

그 당시는 아직 사람농사를 지어서 씨를 추리는 가을철이 아니기 때문에 알아도 소용이 없었지만, 옛날 사람들도 신앙의 원력(願力)에 의해 그걸 다 알았었다. 석가모니도 알았고, 예수도 알았고, 공자도 알았다. 다만 때를 못 만났을 뿐이었다.

이 개벽시대에는 불교에서 말한 미륵님, 서교에서 말한 하나님, 유교와 도교에서 말한 상제님이 오셔서 새 진리를 설정해서 새 세상을 건설하게끔 되어져 있다.

상제님은 천계(天界)를 마름질하고

지계(地界)를 마름질하고

인간세상(人界)을 마름질하는 주재자이시다.

삼계대권으로 하늘 일도, 땅 일도, 사람 사는 세상일도

당신의 대이상향에 의해

마름질을 할 수 있는 절대자이시다.

　지금으로부터 5,600년 전에 우리나라 조상이신 태호(太昊) 복희(伏羲)씨가 주역의 팔괘를 그었다. 지금은 우리나라 역사를 잃어버려서 그걸 모를 뿐이지, 내가 어렸을 때 한 80년 전만 해도 지게 동발●363 두드리며 나무하러 다니는 초동목수(樵童牧豎)●363도 '태호 복희씨가 시획팔괘(始劃八卦), 비로소 처음으로 팔괘를 그었다' 하는 것을 상식적으로 다 알았었다.

　복희 팔괘●363라는 것이 일건천(一乾天), 이태택(二兌澤), 삼리화(三離火), 사진뢰(四震雷), 오손풍(五巽風), 육감수(六坎水), 칠간산(七艮山), 팔곤지(八坤地)로 되어 있다. 달리 말하면 무극(無極)이 생태극(生太極)하고, 태극이 생양의(生兩儀)하고, 양의가 생사상(生四象)하고, 사상이 생팔괘(生八卦)하고, 팔괘가 8곱하기 8은 64해서, 64괘가 되었다. 주역에는 우주가 생성 변화하는 법칙, 천지가 둥글어가는 이치, 다시 말해서 음양오행 원리가 담겨져 있다. 해서 주역은 인류문화의 모태(母胎)●363이다. 주역의 음양오행 문화를 바탕으로 해서 지구상의 각색 종족들이 자기네들의 문자를 비롯해서 나름대로 생활 문화를 개발한 것이다.

　이렇게 주역이 이 세상 문화의 시원 모태라서 우리나라에서 인류문화의 꽃이 피었다! 때문에 결과적으로 열매도 이 땅에서 맺게 되어져 있다! 인류의 문화가 우리나라에서 처음으로 창시가 돼서 결실도 우리나라에서 맺게 되는 것은 대자연의 섭리가 법칙적으로 그렇게 되어져 있기 때문이다. 꽃핀 데서 열매를 맺는 것은 필연적인 귀결이 아닌가.

그것을 주역에서 "종어간시어간(終於艮始於艮)"이라고 했다. 간방(艮方)에서 매듭을 지어 간방에서 새로 시작한다는 말이다. 우리나라가 바로 간방이다. 그래서 상제님이 이 땅에 오셨다! 종어간(終於艮)을 하기 위해서 삼계대권을 가진 우주의 주재자, 옥황상제님이 바로 이 땅, 간방 땅에 오셨단 말이다.

그런데 상제님이 우리나라에 오신다는 것은 이와 같은 우주원리 차원에서만이 아니라 지리상으로도 이미 그렇게 정해져 있다. 지리상으로 볼 때 우리나라 대한민국이 지구의 원 중심, 고갱이, 알캥이, 핵심 혈(穴)이다. 지구는 우리가 살고 있는 조선 삼천리 강토, 이 땅을 위해서 형성되어 있는 것이다.

일본이 내청룡(內靑龍)으로 우리나라를 감싸주고 있고, 저 멀리 아메리카대륙이 외청룡(外靑龍)으로 감싸주고 있다. 또한 아시아대륙이 많을 다(多) 자, 다자백호(多字白虎)로 중국에서 저 싱가포르에 이르기까지가 내백호(內白虎)이다. 그리고 아프리카가 외백호(外白虎)이다. 청룡과 백호는 사람으로 말하면 의복과 같고, 건축물로 말하면 울타리, 담장, 성곽과도 같은 것이다. 그리고 대만해협이 파(破)고, 호주가 안산(案山)이다.

파라고 하는 것은 물 빠지는 곳으로 아주 좁아야 한다.

서울을 예로 들어서 보면 북한강 남한강의 범위가 얼마나 광대한가. 그렇건만 물 빠지는 파가 어디냐 하면, 김포에 가면 손돌목●364이 있다. 거기는 간신히 배 하나 빠져나갈 만하게 생겼다. 그것도 기역자로 고부라져 버렸다.

그래서 지리학에서 "입산(入山)에 선심수구(先審水口)하라", 산에 들어가려 할 것 같으면 먼저 수구부터 살피라고 했다. 수구가 오그려 짜여져야 샐 설(泄) 자, 기운 기(氣) 자, 설기(泄氣)가 되지 않고 그 안에서 정기가 축적되어 모든 것이 충만하게 이루어진다. 그러한 수구, 다른 말로 파가 이 지구상에서는 바로 대만해협인 것이다. 그리고 안산은, 내가 주인이라면 '안'은 객이 되고, 내가 임금이라면 '안'은 신하가 되는 곳이다.

지리라는 것을 묶어서 말하면 주산(主山)을 바탕으로 해서 "청룡은 비상(飛翔)하고" 청룡은 날아오르고, "백호는 순복(順伏)하고" 백호는 순하게 복종을 하고, "대안(對案)은 정중(正重)하고" 상대한 안은 바르고 중후하고, "수세(水勢)는 만궁(挽弓)하여" 물은 감싸고 돌아서, "대세(大勢)가 구비(具備)되었어도" 큰 틀이 잘 갖추어졌어도, "지리(地理)만은 역즉흥(逆則興)하고" 지리만은 역으로 되었으면 흥하고, "순즉망(順則亡)이라" 순하게 되었으면 망하는 법이다. 세상만사가 다 순해야 하는데

우리나라 대한민국이 지구의 원 중심, 고갱이, 알캥이, 핵심 혈(穴)이다!
그렇기 때문에 삼계를 다스리는 우주의 절대자 하나님께서 이 넓은 지구상에서 바로 이 땅으로 오셨다

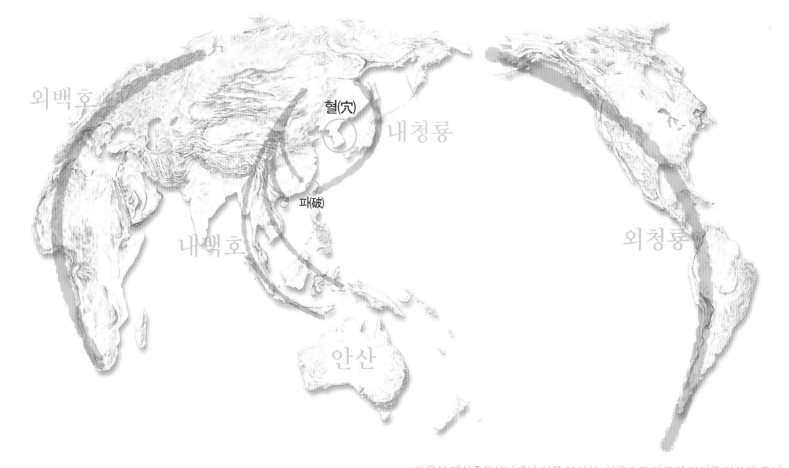

안운산 태상종도사님께서 인류 역사상 처음으로 지구의 지리를 말씀해 주셨다

일본이 내청룡(內靑龍)으로 우리나라를 감싸주고 있고, 저 멀리 아메리카 대륙이 외청룡(外靑龍)으로 감싸주고 있다. 또한 아시아 대륙이 많을 다(多) 자, 다자백호(多字白虎)로 중국에서 저 싱가포르에 이르기까지가 내백호(內白虎)이다. 그리고 아프리카가 외백호(外白虎)이다. 청룡과 백호는 사람으로 말하면 의복과 같고, 건축물로 말하면 울타리, 담장, 성곽과도 같은 것이다. 그리고 대만해협이 파(破)고, 호주가 안산(案山)이다.

상제님이 오시는 땅

지리만은 역해야 된다는 말이다.

　서울을 둘러싼 물줄기의 흐름을 볼 것 같으면 서대문, 서소문, 남대문 쪽 물, 즉 인왕산 줄기 안쪽 물과 북악산 골탱이서부터 남산 골탱이 안쪽 물은 전부 청계천으로 모여들어 거꾸로 치올라가 중랑천으로 빠져나가고, 인왕산 줄기 서쪽 물은 용산 쪽으로 빠져나간다. 그런데 한강은 동(東)에서 서(西)로, 김포 강화도 쪽으로 흐르지만, 청계천은 묘하게도 서에서 동으로 역(逆)하며 거꾸로 흐른다. 그 기운으로 서울이 조선 왕조 오백 년의 도읍지가 되었고 지금은 천여 만 인구를 수용하고 있다.

　그러면 중부지방의 태전(太田)은 서울과 비교할 때 어떻게 생겼는가? 전라도의 진안, 무주에서부터 시작한 금강의 물줄기가 남에서 북으로 치오른다. 추풍령 물도, 속리산 물도 전부 거꾸로 오른다. 그렇게 해서 금강이 공주까지 치오르다가, 공주 고마나루(곰나루)에 이르러서부터 아래 부여쪽으로 구부러져서 장항, 군산으로 순(順)하게 내려간다. 이 세계에서 이렇게 된 자리가 없다. 진안, 무주가 태전에서 얼마나 멀리 떨어져 있는가! 서울 터와 비교해보면, 태전이 서울 터의 몇 백배에 해당한다. 자그마치 우리나라 중심부의 절반을 역(逆)을 한 곳이다. 지리학상으로 볼 때 지구의 혈이 바로 남북한을 통틀어 대한민국이고, 이 대한민국 중에서도 오직 태전이 자리한 중부지방만이 그렇게 크게 역(逆)을 했다. 태전이 본래 지구의 혈이다.

지리에 대해 한마디를 더하면, "천산(千山)이 형부제(形不齊)요" 일천 산이 그 형상이 가지런하지 않고, "만인(萬人)이 심부동(心不同)이라" 일만 사람이 그 마음이 같지를 않다.

'천산이 형부제요', 지구상을 다녀 보면, 그 수많은 산천이 높이도 각각이고 생긴 형체도 각각이다. 지구상에는 똑같은 방향에, 똑같은 높이로, 똑같이 생긴 산천이라고는 단 하나도 없다. 또 사람도 얼굴이 같은 사람은 하나도 없다. '만인이 심부동이라', 사람마다 얼굴도 각각이고 마음도 다 다르다. 똑같은 사람이니 그 마음이 같을 것 같지만 마음이 서로 같은 사람은 한 사람도 없다.

무슨 말이냐 하면 지리라 하는 것은 좌향(坐向)과 또한 양택이나 음택이나 간에 그 자리를 쓰는 사람과 그 자리를 쓰는 연월일시(年月日時)에 따라서도 각기 다를 수 있는 것이다. 지금 문명이 극치로 발달했으나 지리만은 알게끔 되어져 있지 않다. 우주 변화의 이법을 알지 못하면 지리를 알 수가 없는 것이다.

요컨대 지구는 우리나라 조선 삼천리 강토를 감싸주기 위해서 형성되어 있는 것이다. 그렇기 때문에 삼계를 다스리는 우주의 절대자 하나님, 참하나님께서 이 넓은 지구상에서 바로이 땅으로 오셨다.

서울의 지세(위) 청계천의 역류(逆流) 기운으로 600년 넘게 도읍터의 생기(生氣)를 발하고 있다.
태전의 지세(아래) 금강의 물줄기가 우리나라 중심부 절반을 역(逆)하는 무궁한 태전권의 지세를
한 눈에 확인할 수 있다[태전(太田)이 대전(大田)의 본래 지명인데, 일제 식민통치 시절 이등박문
이 대전으로 강제 개명시켰다].

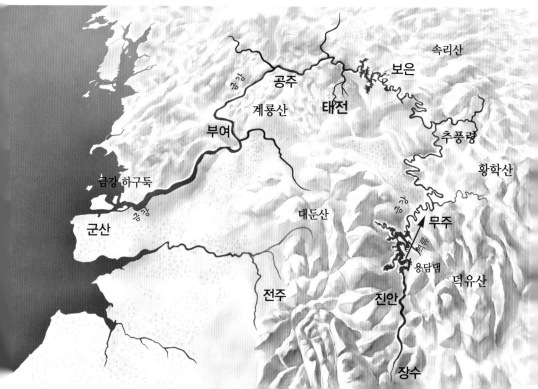

그런데 상제님이 이 땅으로 오셨다고 해서, 상제님이 우리 민족만의 하나님은 아니다. 우리나라를 고향으로 했을 뿐이지 상제님은 일본의 하나님이요, 중국의 하나님이요, 인도의 하나님이요, 미국의 하나님이요, 중동의 하나님이요, 유럽의 하나님이다. 전 지구, 전 인류의 하나님이시다. 또한 후천 5만 년 전 인류의 참하나님, 그런 절대자이시다.

이번에는 동양과 서양이 한 천지, 한 하늘 밑, 한 지구상에서 다 똑같이 개벽을 한다. 천지 이법이라는 하나의 틀 속에서 다 똑같이 개벽을 만나는 것이다.

사실 하늘이치는 똑같은데 각 문화권이 서로 다를 뿐이다. 문화권은 사람이 만들어 내는 것 아닌가. 서양 사람들은 종자가 달라서 눈이 푸르고 코가 높고 그 생김새가 좀 다를 뿐이지, 동양 사람과 같이 오장육부가 있는 다 똑같은 사람이다.

"호출(呼出)은 심여폐(心與肺)요 흡입(吸入)은 신여간(腎與肝)이라", '후우' 하고 날숨을 쉬는 것은 심장과 폐장이 하는 것이고, '흐읍' 하고 들숨을 쉬는 것은 신장과 간장이 하는 것이다. 그건 서양 사람이건 동양 사람이건, 흑인종이건 백인종이건 우리 같은 황인종이건 다 똑같은 것이다.

이번에 우주의 가을철이 되어 천지에서 인간개벽을 하는데, 지구상에 사는 각색 족속들이 한 하늘 밑에서 똑같이 가을개벽을 당한다.

그래서 한 하나님이 오셨다! 천무이일(天無二日)인 것이다. 하늘에는 태양이 둘이 있지 않다. 그것과 같이 하나님은 한 분밖에 없다. 상제님은 지구상에 생존하는 그 많은 사람들의 하나님일뿐만 아니라 인류 역사가 생긴 이래 이 대우주 천체권 내에 가득 차 있는 수많은 뭇 신명의 하나님이요, 우주만유의 하나님이시다.

그 만유의 하나님은 만유의 주재자로서 신명도 통치하고, 인간도 통치하신다. 모든 생명체가 참하나님의 통치권 내에서 다 수용을 당하게 되어 있다.

그러면 상제님이 이 세상에 오시기까지의 역사적인 배경 몇 가지를 들어 보겠다.

진표율사의 기도

1,300여 년 전 통일신라시대 때 진표율사(眞表律師)라는 승려가 있었다.

그 분은 도통을 받기 위해 어떤 독특한 구도 행각을 했냐 하면, 망할 망(亡) 자, 몸 신(身) 자, 망신참법(亡身懺法)이라는 방법으로 공부를 했다. 시한을 정해 놓고 그 시간까지 손가락을 돌로 찧어서 다 으스러뜨리고, 자기 몸뚱이를 부수면서 팔도 끊고, 또 높은 바위에서 떨어져 몸을 망가뜨리기도 하고 말이다. 그래도 안 되니까 시한을 또 정해 놓고 그 때까지 견성(見性)이 안 되면 아주 벼랑에서 떨어져 죽어 버리기로 결심을 했다.

그런데 그건 대상이 딴 사람도 아니고 하나님, 미륵부처님에게 자기 소원을 들어 달라는 것이다. 참하나님에게 직접!

천상에서 하나님이 볼 때 너무너무 안됐다. 그런 인자한 하나님이 가만히 보니 안 만나주면 죽게 생겼다.

인류 역사를 통해서 그렇게 온 생명을 다 바쳐 죽기를 각오하고 열정적으로 도를 구한 사람이 없었다.

진표율사 1,300여 년 전 통일신라 시대의 도승. 그는
온 생명을 다 바쳐 구도에 정진하여, 앞으로 닥쳐올
대개벽을 내다보고 미륵부처님, 하나님께서 장차 우
리나라에 강세하시기를 지극정성으로 기도했다.

그래서 할 수 없이 미륵부처님이 도솔천의 무리들을 거느리고 내려 오서서 진표에게 도통을 내려 주셨다. 진표는 이에 그치지 않고 더욱 구도에 정진하여, 앞으로 닥쳐올 천지 대개벽의 환란을 내다보고 지극정성으로 미륵부처님, 하나님께서 장차 우리나라에 강세하시기를 빌었다.

이에 하나님이 진표를 보고, "네가 그렇게 정성이 지극할진대 네가 본 내 모습 이대로 불상을 받들어 세우겠느냐?"고 다짐을 물으니, "예, 받들어 모시겠습니다" 한다. 그러고서 세운 불상이 지금 김제군 금산면 금산리 금산사(金山寺) 미륵전의 미륵불상이다. 당시 동양에서 가장 큰 33척의 미륵불을 세웠다.

그런데 그 미륵불상을 세운 자리가 원래 금산사 연못자리였다. 진표가 그 연못을 숯으로 메우고 그 자리에다가 미륵불상을 조성했고, 그때부터 미륵신앙이 세상에 널리 퍼지기 시작했다. 그 후 진표는 속리산 법주사에도 미륵불상을 세우고 금강산 발연사에도 세우고, 그렇게 미륵불상 셋을 세우고 죽었다.

진표라는 불자가 "미륵부처님, 이 땅에 꼭 와 주십시오!" 하고 생명을 다 바쳐 기도하고, 또한 천여 년 동안 수많은 중생들이 "미륵부처님, 이 땅에 꼭 와 주십시오!" 하고 빌어 왔다. 그러니 상제님은 진표를 비롯한 민중들의 염원(念願)과 기도에 응하여 한반도에 오시게 되었다.

그런데 부처에는 두 가지 종류가 있다. 앉아 있는 좌불(坐佛)과 서 있는 입불(立佛)이 있다. 좌불은 지나간 세상의 부처를 상징해서 앉아있는 상으로 만들었고, 입불은 내세불(來世佛)로서 앞 세상에 장차 걸어온다는 의미에서 서 있는 상으로 만들었다. 그렇게 서 있는 부처가 미륵부처인 것이다.

불자들에게는 부처라는 말이 곧 하나님이라는 말이다. 세속의 하나님, 주님, 상제님을 그들은 부처라고 한다. 불자들은 부처 하나밖에 없다. 부처 지상주의다. 부처가 하나님이고, 부처가 아버지고, 하여튼 부처 하나밖에 없다. 상황이 그러하니 상제님이 불자인 진표에게 잠깐 부처의 모습으로 나타나신 것이다.

가톨릭 신부 마테오 리치의 하소연

인류 역사를 볼 때 많은 성자들이 있었지만 그 가운데에서 이마두(利瑪竇), 즉 마테오 리치 신부는 지나간 세상 성자들 중에 인간 세상을 위해 쌓은 공덕이 가장 큰 분이다.

리치 신부는 이탈리아의 마체라타에서 태어났다. 그의 부모님은 그를 법관으로 키우려고 했지만 리치 신부는 예수회에 가입하여 세상을 문명화시키는 데 일생을 바쳤다. 당시 예수회는 인재를 양성하여 전 세계 각국에 새 문명을 개척하는 봉사 활동을 했다. 그때 리치 신부는 열아홉 살 나이에 '나도 전 인류를 위해서 내 몸을 바쳐 보겠다' 는 생각을 가지고 예수회에 가입을 했다.

그 후에 그는 가톨릭 문화를 세계에 널리 전파시키겠다는 원대한 포부를 안고 인도와 마카오를 거쳐 31세 때 중국 땅을 밟았다. 중국으로 건너온 그는 중국말도 배우고 중국 문화도 배우면서 사람들을 포교해 나갔다. '나는 신(神)을 모시는 사람이라' 해서 승려처럼 회색 물들인 옷을 입고 머리도 깎고 맨발로 다니면서, 10년 동안 포교를 하고 보니 자기가 포교한 사람이라곤 하층민밖에 없었다.

그런데 문화 사업은 문화인을 데리고 해야지 하층민만 가지고서는 안 되지 않는가. 거기서 대오각성을 하고 그때부터 비단 옷을 입고, 가죽신을 신고, 머리에 관도 쓰고 다니면서 상류층을 포교했다. 그리고 사서(四書)를 라틴어로 번역을 해서 구라파에 소개도 시켰고, 곤여만국전도(坤輿萬國全圖) 같은 세계지도를 그려서 동양에 배포도 하였다. 동양문화와 서양문화를 서로 교류시켜 준 것이다.

그렇게 상류층과 접촉을 계속하다 보니 명나라 황제 신종(神宗)에게까지 리치 신부의 활동이 알려지게 되었다. 당시 리치 신부가 황제에게 자명종(自鳴鐘)을 선물했는데, 황제가 그 시계를 받고 보니 시간이 정확한 것은 물론이요 시간에 따라 소

마테오 리치(1552~1610) 이탈리아 태생의 예수회
소속 신부. 리치 신부는 중국에 선교사로 와 평생을
헌신하였다. 그는 또한 죽어 천상 신명계에서 상제님
을 알현하고, '인류를 구하기 위해서는 상제님께서
직접 세상에 내려가셔야 한다' 는 간곡한 탄원을 올
려, 상제님이 인간 세상에 오시는 계기를 마련하였다.

리가 나기도 한다. 지금으로부터 약 4백 년 전이니 얼마나 신기했겠나.

그런데 리치 신부가 중국에 와서 동양 문화를 접하고 보니, 동양의 음양오행이 자연 섭리의 바탕이고 자기네 서양의 물질문명은 자연 섭리의 산물임을 알게 되었다. 원 진리의 고갱이가 동양의 음양오행 이법임을 깨닫고 동양 문화를 연구해서 24절후도 더 보완을 하고, 일식과 월식도 더욱 치밀하게 계산을 해서 시헌력(時憲曆)을 만들어 오히려 명나라 학자들에게 가르쳐 주기도 했다.

또한 『천주실의(天主實義)』라는 책도 만들어 동양의 여러 나라에 퍼뜨리기도 했다. 가톨릭 문화를 전파하기 위해 그렇게 한평생을 다 바치고서 쉰아홉의 나이로 중국 땅에 묻혔다.

그런데 인류 역사를 볼 때 모든 성자들이 육신을 가지고 살아 있을 때까지만 자기 이상을 폈을 뿐이고 죽은 다음에는 모든 것이 다 끝나고 말았다. 하지만 리치 신부는 죽어서 신명이 되어서도 좋은 세상을 만들기 위해 천상의 여러 문명한 별나라에 가서 새로운 문명을 따내려다가 인간 세상의 과학자들에게 알음귀를 열어주어 세상의 생활 문화를 발전시켰다.

그래서 전기도 만들고 각종 문명이기를 개발하게 하여 더욱 살기 좋은 세상으로 만들어 주었다. 그러나 근대 과학문명은 다만 물질과 사리(事理)에만 정통하였을 뿐이요 도리어 인류의 교만과 잔포를 길러내어 천지를 흔들고 자연을 정복하려는 기세로 모든 죄악을 꺼림없이 범하였다.

이에 리치 신부는 생활 문화만 발전시킨다고 좋은 세상이 되는 것이 아니라 세상의 틀을 본질적으로 바꿔야 한다는 것을 깨닫게 되었다.

그리하여 원시의 모든 신성(神聖)과 불타(佛陀)와 보살(菩薩)들, 즉 동서양의 역사적인 훌륭한 신명들과 더불어 인간 세상을 건질 묘책을 강구해 보았지만 아무런 방법을 찾지 못하고, 종국적으로 그들을 전부 거느리고 상제님께 나아갔다. 상제님을 알현하여, '저희들의 능력으로써는 인간 세상을 바로잡을 수가 없으니 옥황상제님께서 직접 인간 세상에 임어(臨御)하셔서 좋은 세상을 만들어 주십시오' 하고 지극한 정성으로 하소연을 하였다.

그렇게 해서 상제님이 이 세상에 강림하시게 된 것이다. 리치 신부가 아니어도 상제님은, 요한이 계시받은 대로 '장차 오실 분' 이었지만, 리치 신부가 상제님이 오시는 데에 길잡이 역할을 한 것이다.

요컨대 불가에서도 서교에서도 상제님이 이 세상에 오시게 된 계기와 인연을 만들었다.

二 참하나님 증산 상제님

상제님께서 내려보낸 전령, 최수운 대신사

그리고 상제님은 아무런 예고도 없이 오신 것이 아니다.

상제님이 말씀하시기를, "내가 서양 대법국 천개탑에 내려와 이마두를 데리고 삼계를 둘러보며 천하를 대순하다가 너희 동토(東土)에 그쳐 금산사 미륵불에 임하여 30년을 지내면서 최제우에게 천명(天命)과 신교(神敎)를 내려 대도를 세우게 하였다"고 하셨다. 상제님 강세 전에 먼저 최제우(崔濟愚)를 내보내셨다는 말씀이다.

수운(水雲) 최제우는 충남 논산군 양촌면이라는 곳에서 연담(蓮潭) 이운규(李雲奎)●364라고 하는 유학자 밑에서 김일부(金一夫)와 같이 동문수학(同門修學)을 하였다. 김일부 선생은 광산 김씨로서 출생지는 논산군 양촌면이고, 최수운 선생은 경주 최씨로서 경북 경주에서 태어났다. 김일부 선생은 사계(沙溪) 김장생(金長生)●364의 후손이고, 최수운 선생은 고운(孤雲) 최치원(崔致遠)●365 선생의 후손이다. 혈통을 이야기하면 그렇게 되어 있다. 그리고 김일부 선생은 『정역(正易)』을 지었고, 최수운 선생은 상제님에게서 신통(神通)을 받았다.

최수운 선생은 원래 양산 천성산(千聖山)에서 수도를 했다. 도통을 하기 위해 토굴에서도 암자에서도 공부를 했으나 전부 실패하고 득도를 하지 못하였다. 그러다 경주 용담에서 수도에

86

정진하던 중 마침내 경신(庚申 : 1860)년 음력 4월에 상제님으로부터 신통을 받았다. 신통은 천지에서 내려주는 기운을 받아 도통하는 것이다.

최수운이 신통을 받고는 '앞으로 상제님이 오셔서 후천 새 문화를 만들어 새 세상을 조성하신다' 는 것을 알게 됐다. 그걸 묶어서 글자로 만든 것이 "시천주 조화정 영세불망만사지(侍天主 造化定 永世不忘萬事知)"라는 주문이다. 바로 상제님이 최수운에게 천명으로 내려주신 주문이다. 그 글 속에는 수운 자신이 무슨 사명을 받았고, 앞으로 상제님이 오셔서 무슨 일을 하시고, 그 일이 어떻게 결론지어진다 하는 것이 다 함축되어 있다.

"시천주(侍天主)" 하나님을 모시고, "조화정(造化定)" 조화를 정하니, "영세불망만사지(永世不忘萬事知)" 만사지문화를 개창해서 좋은 세상 만들어주는 은총을 후천 5만 년 영세토록 잊지 못한다는 말이다. 그 글자 열석 자에 앞 세상 이루어질 것을 다 담아 놓은 것이다.

지금도 최수운의 이 열석 자가 유효하다. 그 열석 자에 앞으로 펼쳐질 우주원리를 담아 놓았기 때문에, 오늘까지도 그 주문을 부르고 있는 것이다. 또한 이 주문은 후천 5만 년 동안 유효하다.

그러나 최수운은 그것만 밝혀 놓았지, 참법을 지어내어 대도를 세우지는 못했다. 자기 사명을 다하지 못했다는 말이다. 당시 우리나라 조선의 국교(國敎)가 유교였다. 최수운이 그 유교 문화 속에서 성장한 사람이 되다 보니 유교의 틀을 벗어나지 못한 것이다. 해서 결국 상제님께서 갑자(甲子 : 1864)년에 천명과 신교를 거두시게 되었다.

경신, 신유, 임술, 계해, 갑자! 신통을 내려준 해로부터 기운을 거두신 해까지 5년, 만 4년이다. 기운을 거둬들이면 죽는 수밖에 더 있는가. 해서 갑자년에 최수운이 대구 관덕당(觀德堂)● 365 형장에서 참형을 당했다.

상제님이 그렇게 최수운의 도통기운을 거두시고, 그 후 8년 만인 신미(辛未 : 1871)년에 친히 이 세상에 오시게 되었다.

최수운 선생은 이미 "더디도다, 더디도다, 무극대도가 8년이 더디도다"라고 하여, 자기가 죽고 8년 만에 상제님이 강세하실 것을 예언도 했다.

상제님이 천상의 옥황상제님의 위치에서 이 세상에 오시는 데에는 그런 허구한 과정을 거치신 것이다.

수운 최제우(1824~1864) 1860년 음력 4월에 상제님
으로부터 신통(神通)을 받았다. 그 후 '장차 상제님께서
인간으로 강세하시어 후천 5만 년 세상을 열어주신다'
는 것을 세상에 널리 알렸다.

상제님께서 인간세상에 오시려면 인간의 몸을 빌려서 오셔야 하는 것은 두말할 나위도 없다. 그러면 상제님의 성도 있고 이름도 있을 것 아닌가. 해서 강(姜)씨 문중으로 육신을 빌어 오셨다.

상제님은 왜 하필 강씨 성을 걸머지고 오셨느냐?

본래 인간세상에서 맨 처음 성(姓)을 붙이신 분이 태호 복희씨였는데, 그 성이 바람 풍(風) 자 풍씨였다. 그런데 이 풍씨가 얼마 내려오다가 무후절손(無後絶孫), 자손줄이 끊어져 버렸다. 그래서 성씨가 없어졌다. 자손이 없으니 도리가 없는 것 아닌가.

그런데 후세 사람들이 '인류 문화를 창시한 분의 자손이 없어 참 서운하다' 고 하면서, 사람의 체형에다 풍 자를 붙여 썼다. 그래서 풍씨는 '풍골(風骨) 좋다, 풍신(風身) 좋다, 풍채(風采) 좋다', 이렇게 사람의 체형에 붙어 전하게 되었다.

이렇게 복희씨 가계(家系)가 문을 닫은 후 한 3백 년이 지나서 다시 처음으로 나온 성이 신농(神農)씨●365의 강씨다. 신농의 아버지 소전이 강수(姜水)땅에 군병 감독으로 봉해졌는데, 신농씨가 그 지명을 따서 자신의 성으로 쓴 것이다.

그래서 상제님이 강씨로 오시면서 말씀하시기를, "지금은 원시(原始)로 반본(返本)하는 때다. 지금은 인간세상이 다시 뿌리로 환원하는 때가 돼서, 내가 성의 원시인 강씨 성을 가지고 오게 되었다"고 하셨다.

상제님은 1871년 전라도 고부군(古阜郡) 우덕면(優德面) 객망리(客望里) 시루산 밑에서 태어나셨다. 그래서 그 산 이름을 따서 호를 '증산(甑山)'이라고 하셨다. '증산'이라고 하는 호는 하나님이 이 세상에 오셔서 당신이 직접 지으신 것이다.

시루 증(甑) 자, 뫼 산(山) 자, 증산!

상제님의 고향에 가보면 집 뒤에 조그마한 주산(主山)이 있는데, 그것이 바로 시루산(甑山)이다.

그렇게 성은 강씨요 호는 증산이라고 해서 '강증산(姜甑山) 상제님'이라고 부른다. 다시 말해서 인간세상을 추수하러 오신 참하나님의 존호가 증산이다. 그래서 그 참하나님의 진리를 집행하는 도체(道體)를 '증산도(甑山道)'라고 이름하게 되었다.

그런데 그 '도(道)' 자의 의미가 무엇이냐?

"도야자(道也者)는" 도라고 하는 것은, "자유지리(自由之理)요 자유지기(自由之氣)다."

자유지리, '저절로 그렇게 되어지는 이치, 자연적으로 그렇게만 되어지는 이치, 그렇게 될 수밖에 없는 이치'이다. 자유지기, '저절로 그렇게 되어지는 기, 자연적으로 그렇게만 되어지는 기, 그렇게 되어질 수밖에 없는 기'다.

또한 "도는 선어천지(先於天地)하야 만유지본원야(萬有之本源也)라", 도라는 것은 천지보다도 먼저 해서 대우주 천체권 내의 만유의 바탕, 근원이 되는 것이다. 도는 천지보다도 먼저다. 천지도 도에서 나온 것이다. 한마디로 도란 진리의 모태다.

도(道) 자는 길 도 자가 아닌가. 사람도 길로 걸어 다닌다. 그것을 가만히 연상해 봐라. 사람은 길을 밟고 다니지 산이나 들판으로는 못 다니지 않는가.

그와 마찬가지로 우주만유가 자유지리 자유지기로 그렇게 되어지고, 그렇게만 되어지고, 그렇게 되어질 수밖에 없는 것, 그게 도다. 상제님 진리는 그런 진리다.

그리고 도란 매듭짓는 열매이다. 유교, 불교, 기독교 등 기존 문화권의 교(敎)는 꽃이고, 도는 성숙된 열매이다. 증산도는 유지범절(儒之凡節), 불지형체(佛之形體), 선지조화(仙之造化), 이것을 전부 다 뭉쳐서 하나의 진리권으로 알캥이를 맺은 것이다. 정치, 종교, 경제, 문화, 사회 등 각색 부문이 모두 하나로 합일된 열매문화이다.

상제님께서 탄강하신 곳, 객망리(客望里)

일명 '손바래기' 라 하고 탄강하시기 전에는 선망리(仙望里)라 하였는데
이는 '하늘의 주를 기다리는 마을' 이라는 뜻이다.
왼쪽이 큰 시루봉이고 오른쪽이 작은 시루봉이다.
현재의 전라북도 정읍시 덕천면 신월리 신송마을로,
상제님께서 신미(1871)년 음력 9월 19일 이 곳에서 탄강하셨다.

상제님의 진리는 우주원리요, 우주원리가 상제님 진리다. 생장염장이라는 틀을 바탕으로 천지가 둥글어가는 이법! 그게 바로 상제님의 진리다.

언젠가 내가 밥을 사먹으러 어느 식당을 갔는데, 들어가면서 보니 "도덕(道德)은 근어효제(根於孝悌)라" 하는 글귀가 벽에 붙여져 있다. '도덕은 효도와 공경에 뿌리를 두고 있다' 는 말이다. 그래서 내가 그 말을 바꾸어서, "진리(眞理)는 출어자연(出於自然)이라" 했다. '진리라 하는 것은 자연에 뿌리를 두고 있다, 자연 속에 다 들어 있다' 는 말이다.

내가 자주 하는 말이 있다. "값없는 청풍(淸風)이요 임자 없는 명월(明月)이라", 시원한 바람 쐬는데 누가 바람 값 내라고 하는 사람 없고, 밝은 달 구경한다고 해서 달 값 내라는 사람 없다. 상제님 진리는 천지의 공도(公道)가 돼서 청풍명월과 같은 것이다. 상제님 진리는 세상 사람 누구에게도 다 신앙할 권리가 있는 것이다.

하나님이 왜 이 세상에 오셨는가?

이 세상을 개벽하시기 위해 오셨다.

이번에는 참하나님, 상제님이 친히 오셔서 개벽의 도를 집행해야 사람을 많이 살리게 생겼기 때문에, 어쩔 수 없이 이 세상에 오셨다. 이 세상에 오셔서, "제생의세(濟生醫世)는 성인의

도"라는 당신의 말씀과 같이, 천지에서 개벽을 할 때에 사람들이 상제님의 진리권에 수용을 당해서 살아남을 수 있게끔 틀을 짜놓고 가셨다.

해서 인생의 총 결론은 이 지구상에 인간으로 왔다 가신 참하나님을 만나는 것이다! 천지결실기에 오셔서 죽는 생명을 살리는 대도 진리를 펴놓고 가신 참하나님을 만나는 것!

모든 조상신들이 바라는 것도 자기 자손이 그러한 참하나님의 진리를 만나서 복 받고 잘사는 것이다. 이것이 우주가 인간 농사를 지은 총체적인 결론이다.

천지의 도

춘생추살

春生秋殺

天地의 道

三. 왜 조상을 섬겨야 하는가

가을이라 하는 것은 원시(原始)로 반본(返本)하는 때다.

'원시' 라 하는 것은 '본래 제가 생긴 모습' 을 말한다. 해서 '원시반본' 이란 '제 뿌리, 제 바탕, 저 생긴 제 모습으로 다시 환원을 한다' 는 말이다.

봄철에 씨알 하나를 집어던지면 여름철 내내 커서, 가을철에 가서 알캥이를 맺어 놓는다. 알캥이 맺는 것은 제가 맺고 싶어서 맺어지는 것이 아니다. 세상 만유의 생명이라는 것이 가을철에 가서는 다 씨알을 맺는다. 자기가 의도하지 않아도 말이다.

알캥이를 여문다는 것은 본래 저 생긴 모습대로 제 씨를 전하는 것이다. 팥 낱이 하나 땅에 떨어지면, 그게 저절로 커서 열었든지 아니면 사람이 가꿔서 열었든지 간에 가을에는 팥 알캥이가 열리고, 또한 콩 낱이 하나 떨어지면 거기서 콩 알캥이가 여문다. 그것이 바로 제 본모습으로 환원을 한 것이다. 팥은 팥 모습대로 콩은 콩 모습대로. 이것이 바로 원시반본이다.

또한 모든 초목이 가을철이 되면 이파리는 다 떨어지고 그 이파리에 공급되던 진액은 전부 뿌리로 되돌아간다. 원시로 반본을 하는 것이다. 아주 조그만 잔디서부터 몇 십 길 되는 커다란 나무까지, 다 똑같다. 제 뿌리가 제 고향이다!

그렇게 진액이 뿌리로 돌아가야 겨울에 폐장을 한다. 다시 말해서 뿌리에 진액을 축적하고 동면(冬眠)을 하다가 새봄이 오면 다시 새싹을 내는 것이다.

그런데 그 진액을 흩어버릴 것 같으면 나무는 고사(枯死)해버리고 다시 살 수가 없다. 그와 같이 사람도 또한 원시반본을 하지 않고 제 조상, 제 뿌리를 배반할 것 같으면 뿌리가 끊겨서 제 생명체가 고사되고 마는 것이다.

세상 사람들은 천성만본(千姓萬本)이다. 혈통이 다 각각이란 말이다. 김지(金之), 이지(李之), 박지(朴之), 최지(崔之). 그 각색 혈통의 조상이 다 각기 다르다. 그러면 그 각색 혈통의 시조 할아버지도 다 각각일 것이 아닌가.

결론부터 말하면, 그 시조 할아버지의 유전인자가 내 몸에 전해져 있다, 내 몸에!

동양문화는 한자 문화다. 한자 용어로 내 몸뚱이를 '유체(遺體)'라고 하는데, 그 유(遺) 자가 끼칠 유 자다. '유산(遺産)'이라고 할 때도 끼칠 유 자를 쓴다. 다시 쉽게 풀이하면, 그게 물려받을 유 자다. 그러니까 유산이라 하면 '물려받은 재산'이란 뜻이다. 할아버지 재산을 물려받았다, 아버지 재산을 물려받았다고 해서 유산이라고 한다. 그 유산은 혈통에게만 물려줄 수 있고 혈통으로써만 물려받을 수 있는 것이지, 만약 혈통이 없으면 국가 소유로 귀속될 수밖에 없다. 그렇게 조상의 재산을 물려받았다고 해서 유산이라고 하는 것처럼 사람의 몸뚱이를 유체라고 하는 것이다. 그러니까 유체는 '물려받은 몸뚱이'란 뜻이다. 그러면 무엇을 물려받았다는 것인가?

바로 조상의 유전인자를 물려받았다는 뜻이다. 유전인자는 사람의 생명이자 씨앗이다. 5천 년, 6천 년 전의 시조 할아버지, 말하자면 200대 할아버지의 유전인자가 199대 할아버지에게 전해지고, 199대 할아버지의 유전인자가 198대 할아버지에게 전해지고, 198대 할아버지의 유전인자가 197대 할아버지에게 전해지고, 이렇게 시조 할아버지의 생명체인 유전인자가 전해지고 또 전해져서 마침내 내 생명이 생겨난 것이다. 이것을 알아야 한다.

유전인자라는 것은 곧 정자(精子)라는 말이다. 그 정자 씨를 받아서 내 몸이 생겨났다. 그렇다면 나는 천 년 전 내 할아버지의 몸이요 5천 년, 6천 년 전 내 시조 할아버지의 몸이다.

남자고 여자고 다 똑같이 그 시조 할아버지의 유전인자를 갖고 있다. 생리적으로 남자는 정자를 가지고 있고, 여자는 난자를 갖고 있도록 조화옹이 그렇게 만들었을 뿐이다.

그런데 남자가 정자를 가지고 있다는 것은 곧 씨종자를 가지고 있다는 말이고, 여자가 난자를 가지고 있다는 것은 여자는 밭이라는 말이다. 밭에다가 콩을 심으면 콩이 나지, 팥도 안 나고, 녹두도 안 나고, 쌀도 안 난다. 그래서 시조 할아버지의 유전인자●365가 아들, 손자, 증손자, 고손자로 이어져서 내려오는 것이다.

사람의 수명이라 하는 것은 극히 제한돼 있다. 오래 살아봤자 기껏해야 한 백 년 산다. 허나 우주의 수명이라는 것은 무한하다. 이 무한한 우주의 생명 속에서 유한한 인간 생명이 살다가는 것이다. 그런데 사람의 수명은 유한하지만 자자손손 그 혈통을 물려주고 물려받고, 또 물려주고 물려받고, 그렇게 해서 백대, 천대가 내려간다. 그게 내내 처음 그 시조할아버지의 유전인자가 전해 내려가는 것이다.

내가 이런 고시(古詩) 한 수로 정리해주고 싶다.

"도발선천색(桃發先天色)이요 수류만고심(水流萬古心)이라", 복숭아꽃은 선천빛으로 피었고, 물은 만고의 마음으로 흐르는구나.

여기 선천(先天)이란 말에는 십 년 전이라는 의미도 들어 있고, 천 년 전, 5천 년 전이라는 의미도 들어 있다. 금년에 핀 복숭아꽃은 작년에도, 십 년 전에도, 천 년 전에도, 5천 년 전에도 똑같은 꽃이다. 복숭아꽃은 언제나 바로 그 '선천빛'으로, 꽃술, 꽃잎의 모양과 색깔이 바로 그 모양, 그 색깔로 꼭 그렇게 핀다. 십 년, 천 년, 5천 년을 내려오면서 조금도 변질이 되지 않고 제 모습 그대로를 간직한다는 말이다. 아무리 시간이 흘러도 복숭아꽃의 그 유전인자 그대로 내려가는 것이다.

또 물은 만 년 전에 흐르던 그 물 그대로 오늘도 흐르고 있고, 또한 만 년 후에도 그대로 흘러갈 것이다.

만유라 하는 것은 반드시 유전인자가 있어서 그대로만 전해 내려가는 것이다.

하추교역기에는 봄여름 동안 사람농사 지은 것을
씨종자를 추리지 않는가.
천지에서 사람개벽을 하는 이때에 각 성의 선령신들이
자손을 살리려고 비상이 걸렸다.
그 선령신들이 제 쓸 자손 하나라도 건지려고
천상에서 60년씩 기도를 하기도 한다.

유
전
인
자
는

절
대
로

바
꾸
지

못
한
다

초목이든, 날아다니는 새든, 기어 다니는 짐승이든, 미물곤충이든 만유 생명체의 유전인자라 하는 것은 절대로 바꿀 수가 없다. 진달래꽃도 천 년 전의 진달래꽃이고, 할미꽃 도라지꽃도 천 년 전, 만 년 전의 그 할미꽃, 그 도라지꽃이다.

비천한 쇠똥구리로 예를 들면, 쇠똥구리는 쇠똥을 먹고 사는 엄지손톱만한 까만 벌레다. 그 쇠똥구리가 쇠똥을 뭉쳐서 앞발로 땅을 딛고 뒷발로 쇠똥을 둥글려 어디론가 가다가 모래밭 같은 정착할 수 있는 적지(適地)를 만나면 암수가 같이 땅 속으로 파고들어가 거기서 새끼를 친다.

언젠가 텔레비전에서 취재한 걸 봤는데, 얼마 후에 그 새끼가 쇠똥에서 나오더니 단번에 어디론가 날아간다. 그 새끼가 한참을 날아가더니, 어디 쇠똥 근처에 가서 앉는다. 쇠똥 근처에 가서 앉았으니 쇠똥 찾기가 쉬울 것 아닌가. 그렇게 해서 쇠똥을 찾은 쇠똥구리는 또 제 어미 아비가 하던 대로 쇠똥을 굴리며 어디론가 간다. 새끼를 치러 가는 것이다. 쇠똥구리는 그것을 천년만년 되풀이해서 오늘에 이르렀고 또한 앞으로도 그것을 천년만년 되풀이할 것이다.

만유의 생명체가 그 쇠똥구리와 같이 본래의 제 생긴 모습, 제 생활 모습을 천지와 더불어 영원히 되풀이할 뿐이다. 그렇게 생물의 유전인자라 하는 것은 절대로 바꿀 수가 없는 것이다.

만약 그 유전인자가 변형이 된다면, 이미 그 종자가 아니고 다른 종자가 되어 버린다. 그 종자가 멸종돼 버리는 것이다. 그런데 유전인자라 하는 것은 다시는 재생시킬 수가 없다. 한 번이 우주 공간에서 멸종이 되면 그것으로 끝이 나 버린다.

그러면 지금 내가 왜 이런 말을 하느냐?

조상의 유전인자가 백 대손, 2백 대손 전지자손(傳之子孫)하여 흘러 내려왔지만, 이 가을개벽기에 그 자손이 하나라도 살아남아야 조상도 다 같이 살게 된다는 걸 밝혀 주려는 것이다.

한 천 년 묵은 고목나무를 봐라. 고목이 그만 다 썩어버리고 그 한 쪽 뿌리에 수냉이(순) 한두 개가 붙어 있다. 그런데 그 수냉이를 뜯어버리면 그건 다시 움도 싹도 트지 못하고 그냥 그대로 숨구멍이 막혀 호흡을 못해서 고사해 버리고 만다.

그런 천 년 고목이라도 수냉이 하나 살아 있으면 그놈이 성장을 해서 다시 생을 찾듯이, 사람도 자손이 하나라도 살면 그 시조 할아버지까지도 산다. 눈이 외짝이든, 등이 안팎꼽추이든, 팔다리가 없든, 어쨌든 사람 노릇할 수 있는, 남녀간에 관계를 맺어서 자식을 전할 수 있는 정도의 자손이 하나라도 살면, 그 수많은 수백 대의 조상신이 신도(神道)세계에서 살아남는 것이다.

천 년 된 시조라고 할 것 같으면, 그 자손이 여러 백만이 될 것 아닌가. 여러 백만 가운데 자기의 혈통 하나라도 추려야 그 수많은 조상신들이 살아나간다는 말이다.

이번에는 자손이 하나라도 살아남지 못하면, 다시 말해서 상제님 진리권에 하나라도 수용당하지 못하면, 조상도 다 같이 끝장이 난다. 연기와 같이 사라지고 마는 것이다.

자손이라는 것은 조상이 호흡하는 숨구멍이다!

우리가 숨을 쉬어야 살듯이, 자손이 없는데 조상이 어디에 의지해서 살 수 있겠는가. 사람은 제 조상이 제 뿌리이고, 조상들은 자손이 싹이자 숨구멍이다. 조상과 자손은 이렇게 불가분리(不可分離)한, 가히 떨어질 수 없는, 절대적인 연관을 맺고 있는 것이다.

해서 지금 천상에서 각 성의 조상신들이 자기 자손 하나라도 살리려고 난리가 났다. 하추교역기에는 봄여름 동안 사람농사 지은 것을 씨종자를 추리지 않는가. 천지에서 사람개벽을 하는 이때에 각 성의 선령신들이 자손을 살리려고 비상이 걸렸다. 그래서 그 선령신들이 제 쓸 자손 하나라도 건지려고 천상에서 60년씩 기도를 하기도 한다.

신명과 사람 문제를 따져볼 때, 사람도 누가 받들어 주지 않으면 저 혼자 출세를 못하듯이 신명 역시 사람이 천거를 해줘야 그 목적을 달성할 수 있다. 자손들이 떠받들어 주어야 그 조상들도 잘 된다는 말이다. 그러니 내 조상이 생전에는 어떤 천(賤)한 경지에서 생활했든지 간에, 내가 좋은 위치에서 내 조상을 좋게 받들어 줘야 한다.

한 예로, 태조 이성계가 조선을 창업하고 자기 조상 4대●366를 다 임금으로 추대를 했다. 자손이 한 나라의 임금이니 임금의 직권으로써 조상에게 대왕(大王)의 작호를 붙여준 것이다. 120년 전 4대조 할아버지까지를 모두 임금으로 추존(追尊)하였다. 죽은 다음에 그 후손이 떠받들어서 관직을 주는 것이 추존이다.

그러므로 내가 내 조상을 천도(薦道)도 해 드리고 잘 받들어 주면 그 조상이 해원도 하고 잘 될 수가 있다.

하나 실감나는 예를 들어주겠다.

저 부산에 어떤 신도가 있었다. 두 남매가 다 신앙을 했는데 그들이 무슨 말을 하느냐 하면, 저희 아버지가 총각시절에 어떤 아가씨를 사귀었단다. 사귀다보니 정도 들고 같이 살아야겠다는 생각이 들었을 것 아닌가. 그런데 함께 살려면 부모 허락을 받아야 한다. 그 아버지는 돌아가시고 홀어머니인데, 한 날은 어머니에게 그 아가씨를 더불고 가서 "어머니, 제가 이 아가씨를 좋아하니 장가들여 주십시오" 했다. 그런데 그 어머니는 잔뜩 틀어져서 꿍하고 앉았다. 뭔가 안 맞는다는 뜻이다. 아들이 아무리 얘기해도 안 듣는다. 어머니는 싫다고 하고, 아들은 살아야겠다고 하고.

그러더니 그 어머니가 다른 아가씨 하나를 급히 구해서 반강제로 아들을 결혼시켜 버렸다. 그러자 그 사귀던 여자가 그만 충격을 받고 자살을 해 버렸다. 아, 어떻게 하다가 신랑을 뺏기고 산목숨이니 살기는 살아야겠지만, 어디다 호소할 데도 없고, 그래서 그냥 죽음으로써 답해 버린 것이다.

그런데 그 뒤로부터 그 집에 생각지도 않은 분란이 한 달이 멀다하고 일어난다. 예를 들어 결혼한 두 남녀가 자려고 하면, 그 자살한 아가씨가 "너희들만 재미를 보느냐? 나도 같이 살자"고 하면서 가운데를 파고든단다. 가족들이 꿈을 꾸면 그게 보인다는 것이다.

그 신도들이 커서 근 서른이 되도록 그렇게 가정에 풍파가 일어났다고 한다. 그 신도들은 그 아버지가 새로 장가든 데서 태어난 애들이다. 그러니 그 애들이 그 죽은 여자를 큰엄마라고 해야 하나, 뭐라고 해야 하나.

그런 이야기를 하길래 내가 천도식을 해주라고 했다. 해서 천도식을 지극정성으로 올렸더니 그 후에는 꿈에도 안 뵈고 집안에 풍파도 없어졌다고 한다. 그런데 그 후 한 2년이 지나서 또 꿈에 나타난다고 했다. 그래서 천도식을 한 두어 번 더 해준 줄로 알고 있다.

그런데 몇 년 후에 들으니, 그들이 이유 없이 신앙을 못하고 떨어져나가 버렸다. 그 신명에게 더 잘 해줘야 하는데, 시집 못 오고 죽은 그 처녀의 척(隻) 때문에 떨어져나간 것이다. 척이란 게 그렇게 무섭다.

옛말에 "이배기근(以培其根)이면 이달기지(以達其枝)라", 그 뿌리를 북돋아주면 그 가지가 발달된다는 말이 있다. 뿌리를 북돋아주면 가지는 자연 따라서 번성을 한다.

그런 연유에서 옛날 지리학에서도 좋은 땅에 조상의 백골을 모시면 그 자손이 잘도 되고, 잘못 모시면 그 자손에게 악영향을 미칠 수도 있다고 했다. 그런 건 접어두고라도, 조상과 자손의 관계가 어떻다 하는 것은 똑바로 알아야 한다.

천 년 고목이라도

수냉이 하나 살아 있으면

그놈이 성장을 해서 다시 생을 찾듯이,

사람도 자손이 하나라도 살면

그 시조 할아버지까지도 산다.

사람은 제 조상이 제 뿌리이고,

조상들은 자손이 싹이자 숨구멍이다.

사람으로서는 자기 조상이 이 대우주 천체권 내에서 가장 으뜸가는 절대적인 존재다.

어째서 그러냐?

생명체를 가진 사람으로서 이 세상에 가장 존귀한 게 뭐냐 하면 바로 자기 자신이다. 자기 자신이 있음으로써 국가도 있고, 민족도 있고, 사회도 있고, 부모도 형제도 처자도 만유도 있는 것이지, 내 자신이 없으면 천지도 일월도 아무것도 있을 수 없잖은가.

그러면 가장 존귀한 내 자신을 낳아준 사람이 누구인가? 바로 내 부모, 내 조상이다. 내 조상으로 하여금 내 자신이 태어났기 때문에 내 개인에게는 내 조상이 하나님이다.

내 조상이 제1의 하나님이시다! 나에게 혈통을 전해준, 유전인자를 전해준 내 조상들이 바로 옥황상제님보다도 우선되는 제1의 하나님이다.

이것이 가장 쉽고도 원초적이고 본질적인 진리인데 지금까지 이런 진리가 세상에 나오지도 않았고, 가르쳐준 사람도 없었다.

다시 말하거니와 신분의 귀천을 막론하고 자신의 위치에서는 자기의 조상이 가장 존귀하고 절대적인 존재다. 그러므로 사람은 조상을 잘 받들어야 한다.

한 가지 예를 들면, 주(周)나라 문왕(文王)●366이 자기 아버지 왕계(王季)를 옥황상제님과 같이 짝을 해서 제사를 받들었다. 자신이 제후라고 해서, 황송하옵지 감히 자기 아버지를 하나님과 동위(同位)를 해서 제사를 올릴 수 있나. "감불생심(敢不生心)" 감히 생각조차 할 수 없고, "어불성설(語不成說)" 감히 입에다 붙일 수도 없는 말이다. 허나 문왕 개인에게는 자기 아버지가 천상천하(天上天下)의 둘도 없는 하나님이기 때문에 옥황상제님과 같이 짝을 해서 제사를 올린 것이다.

그런데 인류 역사를 통해서 그것을 시비 건 사람은 한 사람도 없었다. 개인이 조상을 경배(敬拜)하기 위해서 조상을 하나님처럼 받드는 것은 남이 트집을 잡을 수 있는 문제가 아닌 것이다.

문왕이 자기 조상을 옥황상제님과 같이 짝해서 천제(天祭)로 받들었기 때문에 배례(拜禮)도 하나님께 올리는 큰절, 반천무지(攀天撫地), 하늘을 받들고 땅을 어루만지는 대배(大拜)로 했을 것 아닌가. 조상 제사를 지내는 데는 그렇게 반천무지 절을 해야 한다. 하나님을 받들 듯 큰절로 자기 조상을 받들어야 한다. 하나님 이전에 자기 조상이 제1의 하나님이기 때문이다.

그런데 근래에 와서는 윤리와 도덕이 무너졌기 때문에 조상 같은 건 관심조차도 없다. 그러나 알고 보면, 상제님을 신앙하기 이전에 제 조상을 먼저 받들어야 한다.

근래 사람들 중에는 "부지하처소종래(不知何處所從來)"로, 자기 자신이 어디로부터 왔는지조차도 모르는 사람이 많다. 심하면 재산을 다 챙기고 나서는 제 부모를 배반하는 자도 있다. 그것을 "인면수심(人面獸心)", 사람의 두겁을 쓰고 짐승의 마음을 가졌다고 한다.

옛날 사람들이 사람 인(人) 자 여섯 자를 써 놓고서 "사람이 사람이면 사람이냐? 사람은 사람다워야 사람이다"라고 했다. 사람이 사람 두겁만 썼다고 사람이냐? 그건 사람이 아니다. 사람은 사람 가치가 있어야 사람이다.

"오작(烏鵲)이 반포(反哺)"라는 말이 있다. 까마귀 오(烏) 자, 까치 작(鵲) 자, 까마귀와 까치도 늙어서 사냥을 못하게 되면 높은 나무에 앉아서 "까옥까옥~" 한다. 그러면 그 늙은 까마귀와 까치의 새끼들이 먹이를 물어다 먹여 준다. "반포(反哺)", 돌이킬 반(反) 자, 먹일 포(哺) 자다. '되갚아 먹여 준다'는 말이다. 오작(烏鵲)도 그렇게 보은을 하는데 사람으로서 어찌 제 부모, 제 조상을 그렇게 배척할 수가 있는가!

오호(嗚呼) 통재(痛哉)라!

그런데 조상신들은 허구한 세월을 통하여 오직 자기 자손들만을 위하고 보살펴 준다.

하나 예를 들어 주겠다.

얼마 전만 해도 서울의 종로 4가는 사람들이 차도를 가로질러 횡단보도로 걸어서 건너가게 되어 있었다. 그런데 어떤 애기 엄마가 젖먹이를 안고 그 횡단보도를 건너는데, 눈 먼 신호위반 버스 한 대가 멈추지 않고 그대로 밀고 들어온다. 순간적으로 거리를 재어보니 도저히 어머니와 애기 두 목숨 다는 살 수가 없게 생겼다. 해서 '애기만은 살리고 나는 죽겠다' 하고서 그 엄마가 애기를 차도 밖으로 던지고 자기는 버스에 치여 죽었다. 이와 같이 사람은 자식을 위해 전부를 다 바친다! 생명을 걸고 자식을 지키는 것이다!

세상의 어머니들을 자당(慈堂)님이라고 하는데, 왜 자당님이라고 하느냐 하면, 자당은 사랑 자(慈) 자, 집 당(堂) 자다. 사랑 자 자는 조건이 없는 사랑, 자기 자신을 다 바치는 사랑, 자기 생명을 초월한 사랑 자 자요, 집 당 자는 웃어른이 계시는 높을 당자다.

자식은 어머니의 분신이기 때문에, 자식을 위하는 것은 곧 자기 자신을 위하는 것이며, 또 자식을 위함으로써 자기만족이 성취되는 것이다. 어머니는 자기 자신의 한 생명이 다하도록 자식을 기르고 가르치고 보살펴 준다. 살아서는 육신이 다하도록 죽어서는 신명이 다하도록, 살아서나 죽어서나 어머니는 자

115

손과 더불어 존망을 같이한다.

또 하나 예를 들면, 지방의 어느 신도가 도장에서 천도식(薦道式)을 하고 주문을 읽는데 어떤 할머니가 나타나서 "내가 네 17대 할머니다" 하더란다. 그 할머니가 말하기를, "내가 쓸 자손 하나라도 살리려고 천상에서 공을 들였는데, 하나도 못 건지고 너 하나를 찾았다. 네가 내 자손 노릇을 하려는가 보다" 하면서 흐뭇해 하더란다.

17대면 얼마인가? 30년을 1대로 잡고 17대면 510년이다. 그러면 "내가 네 500년 전 할머니다" 하는 말이다. 세속 사람이 어떻게 500년 전 할머니를 알아보겠나.

그렇게 20대, 30대 조상들이 그 자손 주변만 싸고돈다.

조상은 자손을 낳아 놓고 죽어서도 자손의 안녕 질서를 위해서 그 뒤만 좇아 다니면서 보살펴 주는데 자손들은 그걸 모른다.

내 친척 중에 폐결핵에 걸린 사람이 있었다. 예전에는 뇌점이라고도 했는데, 결핵에 걸리면 못 고치고 한 8, 90퍼센트는 죽었다. 그 사람이 아무리 병을 고치려고 해도 못 고치고 결국 혼자 돌아다니다가 객사를 했다. 가족이 찾아가 보니 금반지 하나를 손에 꼭 쥐고서 죽었더란다.

아니, 죽는 사람이 금반지는 뭘 하려고 그랬겠는가? 그것도 겨우 한 돈인가 두 돈짜리다. 그 한두 돈 되는 금반지를 손가락에서 빼서 주먹에 꼭 쥐고서, 그것도 양복 호주머니에다 손을 꼭 찔러 넣고 죽었더란다.

그러면 그게 누구를 위해서 그랬겠는가? 그게 다 제 자손을 위해서다.

유가에서 가르치는 삼강오륜(三綱五倫)이 있다. 삼강이란 부위자강(父爲子綱)하고, 군위신강(君爲臣綱)하고, 부위부강(夫爲婦綱)하는 인간의 도리를 말하고, 오륜이라 하면 부자유친(父子有親), 군신유의(君臣有義), 부부유별(夫婦有別), 장유유서(長幼有序), 붕우유신(朋友有信)의 다섯 가지 윤리를 말한다.

그러나 다만 윤리와 도덕을 삼강오륜이라 해서 문자화시켜 놓았을 뿐이지, 그게 유가의 전유물은 아닌 것이다. 윤리라 하는 것은 사람이 세상을 살아감에 있어서 자연스러운 이치로 꼭 그렇게 할 수밖에 없는 인간 행실의 법도이다.

윤리라 하는 것은 이렇게 자연스러운 법칙이거니와 그 중에서도 "효(孝)는 백행지본(百行之本)", 효도라 하는 것은 일백 행실의 근본이 된다.

어째서 그러냐?

자식으로서 부모에게 효도하는 것은 극히 자연스러운 이치다. 가르쳐 주지 않아도 본래 이치가 자식으로서는 어버이에게 효도하는 수밖에 없고, 그걸 거부하는 자는 불의한 자라고 할 수밖에 없다.

그렇게 바탕이 불의한 자가 어떻게 붕우유신을 하고, 부부유별을 하고, 장유유서를 할 수 있겠는가. 또한 위국지충(爲國之忠), 나라를 위해서 충성을 바칠 수 있겠는가. 그래서 예로부터 효도는 일백 행실의 근본이라고 한 것이다.

가르칠 교(敎)라는 글자를 봐라. 교화시키는 것을 '교(敎)'라고 하는데 그 교 자가 효도 효(孝) 옆에 글월 문(文)을 한 것이다. 모든 윤리라 하는 것은 효도에서 비롯되는 것이기 때문에, 사람되는 것을 가르치고, 여러 가지 인사 문제를 가르친다는 교(敎) 자가 효도 효(孝) 옆에 글월 문(文)을 한 것이다.

다시 말해서 가르칠 교(敎) 자는 '효도하는 글'이란 말이다.

우리가 살고 있는 이 시점은 1년으로 말하면 가을에 열매를 맺어놓고 씨종자를 추리는 때다.

그러면 이번에 어떠한 사람들이 씨종자로 추려지게 되느냐?

그것은 각 혈통의 조상들이 5천 년, 6천 년 전 시조 할아버지서부터 사회 속에서 다른 사람들과 어떻게 더불어 생활했느냐에 달려 있다. 유구한 세월을 내려오면서 그 숱한 조상들 중에는 남을 죽인 사람도 있을 것이고, 남의 것을 훔친 사람도 있을 게고, 남을 음해한 사람도 있을 게고, 남의 가정을 파괴한 사람도 있을 것이다. 반면에 이웃을 위해, 국가와 민족을 위해, 인류를 위해 봉사도 많이 하고 좋은 일을 많이 한 사람도 있을 것이다. 배고픈 사람들한테 밥 많이 준 조상도 있을 것이고, 남을 위해 큰돈을 내서 도와준 사람도 있을 것이고, 말 한 마디라도 남을 위한 사람도 있을 것이고 말이다.

그 모든 선악의 업적을, 한 세상을 같이 살다간 수많은 신명들이 평가를 한다. 그 혈통이 얼마만큼 좋은 일을 했다, 얼마만큼 못된 일을 했다 하는 것을 플러스 마이너스해서 총체적으로 결산을 한다.

그렇게 해서, '저 사람은 적악가의 자손이니 구제받을 수가 없고, 저 사람은 적덕가의 자손이니 양질의 열매를 여물 수가 있다' 하고 그 신명들이 심판을 한다. 그래서 이번에는 좋은 혈통의 종자만 살아남게 되는 것이다. 자기 조상에서부터 못되게 산 씨종자들은 이번에 대자연의 섭리에 의해 자연도태 되어 버린다. 그게 무슨 말이냐 하면, 지구 1년의 가을철에 알캥이를 추수하는데, 여름 동안 제대로 성장하지 못한 것은 결실을 못한다. 빈 쭉정이가 되고 마는 놈도 있고, 반 여물다 마는 놈도 있고, 한 7, 80퍼센트 여물다 마는 놈도 있다. 그것과 같이 이번에 사람 씨종자를 추릴 때, 조상에서 바르게 살지 못한 자손들은 다 넘어가는 것이다.

천지에서는 하후하박(何厚何薄)으로 누구는 미워하고 누구는 예뻐하고, 그런 것이 없다. 천지라 하는 것은 아주 지공무사(至公無私), 지극히 공변되고 조금도 삿됨이 없다. 누구에게도 다 똑같이 베푼다. 천지는 누구에게도 살 기회를 똑같이 균등하게 베풀어 주건만 만유의 생물 자체가 자기 생명의 영위(營爲)를 잘못해서 제가 멸망당하는 것이다.

옛말에도 "명산대천에 불공을 드리지 말고 양심을 고쳐라" 하는 말이 있다. 사람은 바르고 선량하고 좋게 살아야지, 내 이득을 위해서 남에게 피해를 주고 남을 음해하면 절대로 안 된다. "적덕지가(積德之家)에 필유여경(必有餘慶)이요 적악지가(積惡之家)에 필유여앙(必有餘殃)이라", 적덕한 가정에는 반드시 경사가 있고 적악한 가정에는 반드시 그 남은 재앙이 있다.

예를 하나 들면, 조선 시대에 남사고(南師古)●366라는 유명한 사람이 있었다. 남사고처럼 지식이 많은 사람이 없다. 천문, 지리, 역학 등 여러 분야에 달통한 사람이다. 『격암유록』이라고 남사고 비결도 있잖은가.

그 사람이 지리를 잘 아는 고로, 좋은 땅에다 자기 조상 묘를 쓰려고 했다. 좋은 땅에 백골을 갖다 묻으면 천 년이 가도 썩지를 않는다. 주변의 10리, 20리, 30리가 그 자리 하나를 감싸 주고 있는데, 그런 좋은 만년유택(萬年幽宅)에 조상을 모실 것 같으면 그 기운이 응기가 돼서 좋은 자손도 생기고, 부귀영화도 누릴 수가 있다.

남사고가 그걸 알기 때문에 자손된 도리에 조상을 좋은 곳에 모시려고 좋은 자리를 찾아 다녔다. 그런데 막상 조상을 모시고서 보면 좋은 자리가 아니다. 그래서 다른 자리를 찾아 묘를 옮겼는데, 쓰고서 보니 또 아니다. 그렇게 해서 자기 조상을 아홉 번이나 이장(移葬)을 했다. 그렇게 아홉 번을 쓰고 났는데 어떤 노인이 지나가면서 "남사고야, 남사고야, 사사괘지(死巳掛枝)가 웬 말이냐?" 한다. '죽은 뱀을 가지에 걸쳐놨다, 소용없는 데다, 네가 잘못 봤다'는 말이다.

"천장지비(天藏地秘)해서 이대기인(以待其人)이라", 하늘이 감추고 땅이 비밀로 해서 그 복 있는 사람을 기다린다는 말이 있다. 자리라 하는 것은 반드시 임자가 있는 것이다. 그런 임자를 기다리는데 사람 많이 죽이고, 도둑질, 강도질, 갖은 못된 짓 다한 백골을 산신(山神)이 받아줄 리가 있나.

그래서 "구천통곡(九遷痛哭) 남사고(南師古)"라고 한다. 남사고가 아홉 번을 옮기고도 통곡을 했다는 말이다. 남사고의 아버지가 남을 음해해서 여러 생명을 앗아갔다. 하니 악한 짓을 한 사람은 신명들이 저주해서 죽어서 절대로 좋은 자리를 들어갈 수가 없다. 남사고는 아들도 없고 딸도 없다. 남사고의 묘가 경기도 양평에 있는데, 풀 깎아 주는 사람도 없이 자손이 끊어졌다.

또 하나 예를 들면, 정북창(鄭北窓)●366이라는 사람이 있다. 정북창은 "입산삼일(入山三日)에 시지천하사(始知天下事)라", 도통 공부를 3일 하고서 천하사를 다 알았다. 그러니 3일 만에 통한 사람이다. 얼마나 뛰어난 사람이었겠는가.

그런데 정북창이 한평생 무슨 일을 했느냐?

옛날에는 동네에서 애경상문(哀慶相問), 사람이 죽었다든지 혼사를 지낸다든지 하는 큰일이 있으면 동네사람들이 모두 가서 조문도 해주고, 축하도 하고, 하루를 그렇게 보냈다.

그런데 정북창은 동네에 무슨 애경상문이 있다든지 하면 제일 먼저 의관을 갖춰 입고 가서 앉았다. 그러고는 사람들이 다가고 나서 제일 늦게 나온다.

왜 그러느냐?

그 세세한 이야기는 그만두고, 정북창의 아버지가 사람도 여럿 죽이고, 음해도 하고, 세상에서 비난받을 짓을 많이 했다. 그런 탓에 사람들이 모였다 하면 으레 그 아버지 이야기가 나오는데, 정북창이 자기 아버지가 욕 얻어먹지 않게 하려고 제일 먼저 가고 제일 나중에 나오고 그랬다. 정북창은 워낙 기품도 좋고, 아는 것도 많고, 덕인으로서 행동도 잘 하는 사람이었다. 그 아버지는 불충(不忠)한 사람이었지만 정북창은 그런 사람이 아니었다. 그래서 정북창이 앉아 있으면 사람들이 그 아버지의 불의(不義)에 대해 차마 입을 열지 못했다. 그렇게 자기 아버지를 지켜주기 위해 몇 십 년 생활을 하다가, 지리를 아는 사람이니 노년에는 그저 산천을 벗해서 산이나 밟다가 여생을 마쳤다. 악척가 집안에서 그런 자손이 나오는 수도 있다.

그런데 이번에는 세상을 위해 대대손손 악척(惡隻)을 짓지 않고 남에게 좋은 일만 하면서 여러 천 년 내려온 혈통이라야 살아남는다. "길화(吉花)는 개길실(開吉實)하고 흉화(凶花)는 개흉실(開凶實)"로, 좋은 꽃은 좋은 열매를 맺고 그른 꽃은 그른 열매를 맺는 수밖에 없다.

내 개인에게는 내 조상이 하나님이다.

조상은 자손을 낳아 놓고,

죽어서도 자손의 안녕 질서를 위해서

그 뒤만 좇아 다니면서 보살펴 주는데

자손들은 그걸 모른다.

거듭 강조하거니와, 조상들이 자자손손 내려오면서 얼마만큼 공을 쌓았느냐 하는, 조상의 음덕(陰德)으로 자손의 흥망이 결정지어진다.

충남 태안에 김교행이라고 하는 적덕가가 있었다. 그가 한 5백 석 추수를 했다. 그 시절에 5백 석이면 대단한 부자다.

그런데 그가 그 재산을 어디다 썼느냐 하면, 오는 사람 가는 사람에게 다 퍼주었다. 내인거객(來人去客) 누구라도 그 집에 가면 한 달도 묵을 수 있고, 두 달도 묵을 수 있었다. 그렇게 선대(善待)를 해 줬다. 옷 없는 사람 옷도 해 주고, 또 그 집에서 묵고 갈 때는 담배도 넣어 줬다. 옛날 일정(日政) 때에 장수연(長壽煙)이라는 목침만한 담배가 있었는데, 그 놈을 칼로 사분(四分)해서 그 한 덩이를 부시쌈지에 담아 주었다. 또 조선표 성냥이라고 있었는데 그 당성냥을 큰 궤통으로 사놓고, 사람들이 갈 때 한 갑씩 넣어 주었다. 또한 가다가 배불리 점심을 사 먹을 수 있도록 여비도 주었다.

그러니 그걸 당하는 수가 있나. 그러다 재산을 다 탕진해 버렸다. 그러건 저러건, 그 사람은 자기 할 일을 다 했다.

그 사람에게는 아들이 하나 있었는데, 6ㆍ25 동란 때 인민군이 들어오자 그 아들이 부역(附逆)을 했다. 나중에 공산군이 물러간 뒤에 그 아들이 인공(人共)에 부역했다고 해서 잡혀가 총

살을 당하게 되었었다. 그런데 면민(面民)들이 모두 들고 일어나서, "그 사람이 적덕가 김교행 씨의 독자인데, 그를 죽이면 영 자손줄이 끊어지지 않겠느냐? 아버지를 생각해서라도 그 하나만은 특별히 살려주자" 해서 그 아들이 살게 되었다. 아버지 덕으로 꼭 죽을 걸 살아난 것이다.

그러니 김교행 씨는 재산 5백 석하고 아들 생명을 맞바꾼 것이다. 조상의 음덕이라는 게 그런 것이다. 그런 음덕으로 자손이 살아간다.

가을은 원시(原始)로 반본(返本)하는 때, 제 본모습을 찾는 때가 되어서 제 뿌리를 배반하면 죽는 수밖에 없다. 알기 쉽게 말해서 바늘만한 조그만 풀이라도 가을에는 그 진액을 제 뿌리로 돌려보내야지, 그렇지 않고 진액을 흩어버리면 그 뿌리가 말라 죽기 때문에 새봄이 와도 거기서 새 생명체를 낼 수가 없다. 이렇듯 제 조상 제 뿌리를 배반하면 살아날 도리가 없다.

환부역조(換父易祖)를 하고 환골(換骨)을 하는 자는 다 죽는다. 애비를 바꾸고, 할애비를 바꾸고, 제 뼈를 바꾸는 자는 다 죽는다. 환부역조라는 건 알기 쉽게 말하면 어떤 할머니가 제 남편 씨가 아닌 다른 씨를 받아서 박가가 김가가 되고, 김가가 최가가 되는 것이다. 그러면 혈통이 달라지니 애비도 바뀌지고 할애비도 바뀌지는 것 아닌가. '환부역조라, 환골이라', 혈통을 바꾼다, 종자를 바꾼다는 말이다.

그런 환부역조도 있지만, 또 어떤 사람들은 제 혈통을 초개같이 바꿔 버린다. 제 혈통을 이으려고 하지를 않는다. 요새 젊은 부부들이 남의 유전인자를 사다가 자식을 낳는다. 가령 고위 장성의 정자가 됐든지, 또는 사회 속에서 성공한 재력가의 정자라든지, 지능 지수가 아주 뛰어난 과학자의 정자라든지, 그것을 좋은 인자라고 해서 사온다는 것이다. 그 정자를 자기 마누라 난자하고 합해서 자식을 낳는다고 한다.

그러면 그 애가 과연 자기 자식인가? 남의 씨일 뿐이지. 사람은 제 혈통을 전해야 될 것 아닌가. 사람은 두 내외가, 남편 씨를 아내가 받아서 혈통을 전해 가면서 살아야 한다. 미물 곤충은 다 제 씨를 전한다. 사람인지라 이런 문제까지 나오는 것이다.

이렇게 제 뿌리를 끊는 사람, 제 조상을 배반하는 사람은 이번에는 죽는 수밖에 없다. 천지에서 심판하기 이전에 스스로 자멸(自滅)을 한다. 제 뿌리를 끊었기 때문에, 조상 전래에서부터 자신에 이르기까지 원시로 반본이 안 돼서 열매를 못 맺으니 스스로 멸망하는 수밖에 없지 않은가.

상제님 진리가 바로 이렇게 원시로 반본하는 진리다. 상제님 진리는 한마디로 묶어서 뿌리 진리다! 상제님이 말씀하시기를 "세상 사람들이 물건장사만 할 줄 알지 뿌리 장사 이(利) 남는 줄 모른다"고 하셨다. 바로 원시반본을 말씀하신 것이다.

천지의 도

춘생추살

天地의 道

春生秋殺

四.

신명공사로 새 세상을 여셨다

"심야자(心也者)는 일신지주(一身之主)라."

마음이라 하는 것은 내 육신의 주인이다. 육신은 거푸집이요 내 육신의 주인은 바로 내 마음이다. 다른 말로 심령(心靈)이다.

해서 내 마음이 어디로 가자고 하면 내 육신은 그냥 끌려가야 되고, 어디 가려운 데를 긁자 하면 시원하게 긁어 주어야 하고, 내 마음이 화가 나서 '저놈을 한 대 쥐어박아야겠다' 하면 냅다 주먹으로 한 대를 쥐어박는다. 육신은 마음의 심부름꾼일 뿐이다.

범준(范浚) ●366이라는 사람이 그의 좌우명(座右銘)에서 "참위삼재(參爲三才)하니 왈유심이(曰惟心爾)로다"라고 했었다. 삼재란 천지인, 즉 하늘·땅·사람인데 여기서 사람이라 하면 사람의 심령을 말한다. 육신은 조금 살다가는 죽어 없어지지만, 심령은 그대로 남아 있어 자신을 지켜준다. '심령이 주체가 돼서 천지인 삼재에 참여하게 된다'는 말이다. 그런데 사람이 살아서는 심령과 육신이 합일해서 사람 노릇을 하고, 죽어서는 육신은 없어도 신명(神明)이 사람 노릇을 한다.

그러면 사람과 신명이라 하는 것은 어떤 차이가 있느냐?

사람은 '육신이 있는 사람'이요 신명은 '육신이 없는 사람'이다. 신명은 육신만 없을 뿐이지 역시 똑같은 사람이다.

예컨대 박갑순이라는 사람이 죽었는데 박갑순에게 욕을 퍼

자가 조나라 조(趙) 자로 달아날 주(走) 안에 어질 초(肖)자를 쓴 것이다. 그래서 대궐 후원의 이파리 넓은 활엽수에 꿀로 뭐라고 썼느냐 하면, 어떤 잎에는 달아날 주(走) 자를 써놓고, 또 어떤 잎에는 어질 초(肖) 자를 써놓았다. 수백, 수천 잎에다 주(走), 초(走)라고 써놓았다. 그랬더니 벌레들이 달콤한 맛을 좇아서 그 글씨 쓰여진 그대로만 파먹었다.

그렇게 해놓고 상감님께 가서 "후원으로 소풍을 나가시죠" 해서 모시고 나간다. 그러고는 그 모신 시종이 "저 나뭇잎을 벌레가 이상하게 파먹었습니다" 하고 잎을 따다 보여주는데, 수백 개의 잎에 전부 달아날 주(走) 자하고 어질 초(肖) 자가 파여져 있다. 그때 어떤 관원이 나서서, "항간에 조 아무개라고 하는 사람이 역적모의를 한다는 풍문이 떠돌고 있습니다. 그런데 그 증거가 확실하지 않아 여태 말씀을 못 드렸는데, 벌레들도 그 기운을 상징해서 이렇게 파먹은 것 같습니다"라고 한다. 그 말을 듣고 임금이 머리끝이 쭈뼛해졌다. 이건 천지에서 증명하는 일이고 틀림없는 사실이거든. 그래서 당장 조광조를 잡아서 귀양을 보냈다.

인류 역사는 이렇게 피로 물들고 불의로 장식이 됐다. 지나간 세상에서는 사람 두겁을 쓰고 나온 사람 쳐놓고 원한을 맺지 않고 간 사람이 한 사람도 없다고 해도 과언이 아니다.

그 원한을 맺고 죽은 사람들이 전부가 다 원신(冤神)이 됐다.

생존경쟁에 입각해서 "대어(大魚)는 중어식(中魚食)하고 중어는 소어식(小魚食)해서", 큰 고기는 중간 고기를 잡아먹고 중간 고기는 작은 고기를 잡아먹고 해서, 그 투쟁의 역사에서 철천지한(徹天之恨)을 맺고 죽은 신명들이 지금 하늘땅 사이에 가득히 찼다.

하나 예를 들어, 사람으로 생겨나서 하고 싶은 것도 못해보고 결혼도 못해봤는데 무수한 젊은이들이 전쟁터로 끌려가서 다 죽었다. 해서 나는 "선천 역사는 전쟁의 역사다"라고 결론을 짓는다. 인류 역사라 하는 것은 땅뺏기 전쟁의 역사였단 말이다.

장기(將棋) 두는 것 잘 알지 않는가. 장기는 한(漢)나라 유방과 초(楚)나라 항우의 싸움을 상징한 것이다. 그 둘이 피가 터지게 5년을 싸웠는데, 항우가 최종적으로 자기 나라의 남은 젊은이 8천 명까지 징발(徵發)을 했다. 그러니 백성들은 자식 낳아서 죽도록 키우기만 했지 결론적으로는 임금님이 끌어다가 다 죽여 버린 것이다. 백성이란 게 특정인의 제물일 뿐이었다.

군대에 나와라 하면 백성들은 안 나가지를 못한다. 가서 죽을 줄을 뻔히 알면서도 가야 된다. 역사가 그렇게 되었었다. 결혼도 못해보고 제대로 살아보지도 못하고 죽었으니 전쟁에서

136

죽은 젊은 귀신들이 철천지한을 품었을 것 아닌가.

그래서 지금까지 내려오는 말이 있다. "강동(江東)이 하죄(何罪)오", '초나라 백성이 무슨 죄가 있느냐!' 말이다. 아니, 항우하고 유방이 서로 땅을 뺏기 위해서 자기네끼리 싸웠을 뿐이지 그 죽은 사람들이 무슨 상관이 있나. 백성은 누가 정권을 잡든지 배부르고, 등 따습고, 편안하게 살면 그것으로써 만족이지, 그 둘이 서로 싸우는 게 백성들과 무슨 상관이 있느냐 말이다. 또한 서양에서는 지배자들이 석조전(石造殿) 높은 곳에 앉아서, 피지배인들을 잡아다가 격투를 붙여 어느 한 명이 맞아 죽으면 빨간 술, 파란 술을 마셔 가며 흥겨웁게 쾌재를 불렀다. 아니, 세상천지, 그 사람들이 무슨 죄가 있나. 한 대 맞고서 죽으면 그게 좋다고 쾌재를 부르다니.

인류 역사가 다 그렇게 내려왔다. 해서 지금 원한 맺힌 신명들이 하늘땅 사이에 양일(洋溢), 가득 차 있다.

　　세상을 근본적으로 바로잡고 좋은 세상을 만들려면, 신명들을 먼저 해원(解冤)을 시켜주어야 한다. '해원', 원한을 풀어준다는 말이다. 새 세상 틀을 짜는 데는 신명들이 주역이 되기 때문에, 원한 맺힌 신명들부터 먼저 해원을 시켜주어야 한다.

　　아니면 그 신명들을 어떻게 하겠는가? 좋게 이화(理化)를 해서 좋은 세상을 만들어야지 달리 무슨 방법이 있겠는가.

　　신명세계에서 원신의 우두머리가 누구냐 하면 요(堯)임금의 아들 단주(丹朱)다. 자기 아버지가 만승천자(萬乘天子)로서 그 아들 단주가 당연히 천자의 위(位)를 물려받아야 되는데, 요임금이 순(舜)이라는 전혀 관계없는 사람에게 아황(娥皇), 여영(女英) 두 딸을 줘서 사위를 삼고 거기에다 천하까지 물려주었다.

　　그리고 단주에게는 바둑판 하나를 만들어 줘서 바둑으로 소일(消日)하게 했다. 그러고서 겨우 방(房) 땅을 봉(封)해 주고 거기서 나오는 소출을 가지고 먹고 살게 해주었다. 아니, 바둑을 두면 거기서 무엇이 생기나? 천하를 지배하는 것과 바둑을 두는 것이 어떻게 비교가 될 수 있겠는가. 그러나 아버지 명령이니 불가항력이지 무슨 도리가 있었겠나.

　　이렇게 해서 단주가 철천지한을 품고 그 원한이 가장 큰, 원신의 주벽(主壁)이 되었다. 내가 제문(祭文)에도 단주대종(丹朱大宗)이라 했다. 어떻게 다르게 칭호를 붙일 수가 없다. 원신의 대종(大宗)이 단주이다. 큰 대(大) 자, 마루 종(宗) 자, 원신의 주벽이라는 말이다.

그러니 그 단주를 해원을 시켜줘야 될 것 아닌가. 그때 천자(天子)를 한 것 이상으로 그 한을 풀어주어야 한다. 그래서 상제님이 단주해원을 머리로 해서 신명해원(神明解寃) 공사(公事)의 틀을 짜시게 된 것이다.

　　상제님이 그 신명들을 전부 끌어 모아서 신명세계를 조직하셨다. 그게 바로 신명정부다. 그 신명정부에서 세상 둥글어갈 틀을 짰으니, 다시 말하면 그것이 바로 조화정부(造化政府)다. 인간세상의 정부에도 무슨 농림부도 있고, 건설부도 있고, 상공부도 있고 각 부서가 있듯이, 신명정부를 조직해서 그 속에서 세상 둥글어갈 틀을 짜시었다.

　　만일 상제님이 오시지 않았으면 신명정부를 구성할 수가 없다. 왜냐하면 삼계대권을 가지고 천계(天界)와 지계(地界)와 인계(人界)를 당신의 대이상향에 따라 마음대로 다스리는 분이 아니고서는 역사적인 신명들을 통제할 수가 없기 때문이다.

　　오직 그 절대권자의 통치권 밑에서만 신명도, 사람도, 세상도 통제가 될 수 있다. 그래서 사람과 신명을 널리 건져 가을의 새 세상을 열기 위해서 우주의 주재자이며 통치자이신 옥황상제님께서 인간으로 오시게 되었고, 그 하나님이 신명들을 통제해서 그 통제권 밑에서 신명들이 해원을 하고 상생을 하도록 만드셨다.

　　그러면 신명정부는 어떻게 구성되어 있는가?

　　신명은 크게, 원한을 맺고 죽은 신명인 원신(冤神)과 역적죄를 쓰고 죽은 역신(逆神), 또 지방을 수호하는 지방신(地方神)과 문명을 개창한 문명신(文明神), 이 네 가지로 대분(大分)하면 다

포함이 된다. 상제님은 이 네 가지 신명들을 모아 신명정부를 결성하고, 한 시대를 같이 산 역사적인 신명들의 공의(公議)에 의해서 앞 세상 둥글어갈 틀을 짜셨다.

그런데 문명신과 지방신이라 하는 것은 타(他)에게 큰 해를 입히지 않는다. 지방신은 제 지방을 수호하는 신명이고, 문명신은 자기네들의 문화를 발전시키려고 하는 신명이다. 이들은 인간세상에 무슨 작해(作害)를 붙이는 신명이 아니다. 다만 원신과 역신이 문제인 것이다.

하나 예를 들면, 갑오동학란을 일으킨 전명숙(全明淑) 장군이 있다. 그가 이름은 봉준(琫準)이요 자는 명숙(明淑)이요 별명은 조그맣고 통통하게 생겼다고 해서 녹두장군이라고 세상 사람들이 붙여주었다.

당시 전라도 고부군의 군수가 조대비●367의 조카, 조병갑이었다. 그때 고부 백성들은 농사를 지어 그에게 다 수탈을 당하고 빈손만 털었다. 그 수많은 사람들이 먹지도 못하고 굶어가면서 농사를 지어놨는데 제 한 몸 부자 되기 위해 해마다 만석보(萬石洑) 물세라는 명목으로 농사지은 것을 다 빼앗아간다.

이에 전명숙의 아버지가 너무나 억울해서 군수에게 항의를 했다가 잡혀서 맞아 죽었다. 그래서 그가 갑오동학란을 일으킨 것이다. 나라의 정정(政情)이 문란하고 관리들의 수탈정책이

극심하여 백성들이 도탄에 빠져 살 수가 없어서, 전명숙 장군이 그저 '좋은 정치를 해주시오' 하고 항의를 한 것뿐이지 나라를 뺏으려고 한 것도 아니었다. 그런데 그네들이 역적누명을 씌워 죽여 버렸다. 그래서 그도 또한 역신이 되었다.

상제님이 그 역신과 원신을 다 해원시키기 위해서 앞으로 오는 좋은 세상을 여는 데에 그들을 참여시키셨다.

그러면 그 원한 맺힌 신명들을 어느 정도로 해원을 시키셨느냐?

그 신명이 한 시대를 살면서 이룰 수 있었던 것보다 더 좋게, 그 이상 몇 배 더 좋게 만들어서 풀어주셨다. 그 신명에게 "이만하면 만족하겠느냐?" 고 물어봐서 "예. 그만하면 인간세상에서 못다 이룬 한이 다 풀어지겠습니다" 라고 답할 정도로, 상제님이 그 신명들에게 각자 책임을 맡기셨다.

세상을 근본적으로 바로잡고 좋은 세상을 만들려면

신명들을 먼저 해원시켜 주어야 한다.

좋게 이화를 해서 좋은 세상을 만들어야지

달리 무슨 방법이 있겠는가!

이와 같이 상제님께서 신명정부를 조직하여 세상 둥글어갈 프로그램, 시간표, 이정표를 짜서, 이 세상이 그렇게만 둥글어가도록 만드셨다. 상제님이 그것을 이름하여 '천지공사(天地公事)'라고 하셨다.

하늘도 뜯어고치고 땅도 뜯어고친 천지공사!

우리가 살고 있는 이 세상은 우주의 통치자이신 상제님이 직접 오셔서 새로운 틀로 바꿔놓기 전에는 무엇으로써도 구제할 방도가 없다. 그래서 상제님이 오셔서 하늘도 뜯어고치고 땅도 뜯어고쳐서 물샐틈없이 도수(度數)를 굳게 짜놓으셨다. 하나님의 권위, 하나님의 권능이 아니고서는 어떻게 감히 하늘도 뜯어고치고 땅도 뜯어고칠 수가 있겠는가. 하늘땅이 생긴 이후로 '천지공사'라는 문구 자체가 없었다. 오직 상제님께서 처음으로 "내가 천지공사를 본다"고 말씀하신 것이다.

지금 이 세상이 둥글어가는 것은 신명들로 하여금 해원공사에 역사(役事)를 시켜 신명들이 해원을 하고, 그 해원공사가 인간세상에 역사적인 사건으로 그대로 표출이 되는 것이다. 알기 쉽게 말해서 상제님이 보신 신명공사에서 틀 짜 놓은 것이 사진의 원판이라면, 인간세상에 표출되는 것은 인화지에다 복사한 복사판이다. 인화지에 원판을 복사하면 조금도 안 틀리지 않은가.

내가 아홉 살 먹어서, 그러니까 지금으로부터 70여 년 전에 상제님이 세상 둥글어가는 틀 짜놓으신 것을 알았다. 그 후로 70여 년 동안 상제님이 공사로써 세상 둥글어가는 프로그램을 짜 놓으신 것과 이 세상이 역사 속에서 실지로 둥글어가는 것을 맞춰 보았다. 그런데 상제님이 틀 짜놓으신 그대로만 둥글어간다.

신명세계와 인간세상은 물건의 표리(表裏), '겉과 속' 과 같기 때문에, 신명정부에서 짠 프로그램, 시간표, 이정표대로 인간세상에서 추호(秋毫)도 틀리지 않게 그렇게만 표출되는 것이다. 아주 미세한 털을 가을 추(秋) 자, 터럭 호(毫) 자, 추호라고 한다. 짐승들을 보면 여름철에는 털을 다 벗고, 가을이 되면 겨울을 보내려고 새 털이 난다. 처음 나는 새 털이 얼마나 미세하고 가느다란가. 바로 그만큼도 틀림이 없다는 말이다.

신명정부에서 신명이 주체가 되어 먼저 선행(先行)을 하고, 인간세상에서 역사적으로 표출되는 것은 신명세계의 반영(反影)이자 산물(産物)인 것이다. 봄에 하늘에서 더운 에너지를 발사하면 땅에서는 그에 순응해서 초목을 발아시켜 키우는 것과 같이.

요컨대 상제님의 천지공사가 바로 이 세상 둥글어가는 설계도이다.

천지공사는 세운(世運)과 도운(道運) 두 가지로 대분(大分)이 된다.

세운공사는 외적으로 이 세상의 운로(運路)가 둥글어가는 틀을 짜신 것이고, 도운공사는 세운과 더불어 내적으로 상제님의 도정(道政)이 전개되어지는 틀을 짜신 것이다.

그런데 상제님이 역사적인 원신(冤神)과 역신(逆神)을 묶어서, 이 세상 둥글어갈 천지공사의 틀을 짜셨다. 원신은 세운에 갖다 붙이고, 역신은 도운에 갖다 붙이셨다. 이 원신과 역신이 바로 천지공사를 보신 재료이자 바탕이다. 상제님의 천지공사는 역사적인 신명들을 다 모아서 해원의 역사(役事)를 시키신 것이다. 해원의 역사란 만고의 뭇 신명들이 살아생전에 타의에 의해서 못다 이룬 것을 상제님 천지공사의 틀 속에서 성취하게 되는 것을 말한다.

원신과 역신이라 하는 것은 지나간 세상이 3양2음(三陽二陰)으로 화수미제(火水未濟)의 세상이었기 때문에 그 자연섭리 속에서 빚어진 부산물이다. 상제님께서 그 원신과 역신을 해결하신 것이다. 선천 상극의 자연 섭리가 그렇게 만들어 놓은 것을, 상제님이 자연 이법을 바탕으로 해서 해원을 시켜 주셨다.

상극이 사배한 역사 과정에서 생겨난 모든 원신과 역신을 해원시키지 않고는 아무것도 할 수가 없기 때문이다. 해서 신도

(神道)로 이화(理化)해서 즉 신명정부를 조직해서 현묘불측지공(玄妙不測之功), 뭐라고 말로 표현할 수 없는, 헤아릴 수 없는 공력을 거두신 것이다.

이때는 천지성공시대(天地成功時代)다!

예컨대 초목농사를 짓는 지구년에서, 가을철이 되면 만유의 생명이 열매를 맺어 다 같이 성공을 한다.

그것과 같이 우주년에서도 지나간 선천 봄여름 동안 천지가 사람농사를 지어서 이제 가을이 되어 사람 씨종자를 거두려는 것이니, 천지가 그 목적을 달성하게 되는 것이다. 다시 말해서 천지가 성공을 하게 된다. 그리하여 이때는 하늘도 성공하고, 땅도 성공하고, 사람도 성공하고, 신명도 성공하는 때이다. 그런데 하늘도 땅도 사람도 신명도 상제님 천지공사의 틀 속에 수용을 당해야만 성공을 할 수가 있다!

그렇다면 상제님은 천지공사를 통해서 과연 무엇을 하신 것인가? 상제님의 천지공사는 지구촌에 세계 가족을 건설하는 것이다. 다시 말하면 우주촌에 세계 가족을 건설하는 것이다. 이렇게 워낙 큰 일이 되기 때문에 상제님께서 신축(1901)년부터 기유(1909)년까지 무려 9년에 걸쳐 공사를 행하시고서, 그해 음력 6월 24일 날 천상의 보좌로 돌아가셨다.

그런데 천지공사를 다 마치시고 상제님께서 하신 말씀이 있다. "이제 하늘도 뜯어고치고 땅도 뜯어고쳐 물샐틈없이 도수를 굳게 짜 놓았으니 제 한도에 돌아 닿는 대로 새 기틀이 열리리라." '하늘과 땅을 뜯어고쳤다' 는 것은, 기존 문화권과는 전혀 다른 방법으로, 새 시대의 이상향에 맞는 새로운 틀을 짰다는 말씀이다. '물샐틈없이 도수를 굳게 짜놓았으니', 프로그램을 그렇게 짜놓았으니, '제 한도에 돌아 닿는 대로', 그 시간 그 순서에 돌아 닿는 대로, '새로운 기틀이 열리리라', 새로운 전기(轉機)가 자꾸 마련된다는 말씀이다. 이 한마디가 전부를 다 정리한 말씀이다.

　다시 말하면 이 세상에 크고 작은 모든 사건이라 하는 것은 증산 상제님이 천지공사에서 이미 결정하여 놓으신 대로 그렇게만 펼쳐지는 것이다. 해서 증산 상제님, 참하나님이 천지공사 보신 내용 이념을 알 것 같으면 이 세상 둥글어가는 것이 환하게 열려 버린다.

신명세계와 인간세상은

물건의 표리, '겉과 속'과 같기 때문에

신명정부에서 짠 프로그램, 시간표, 이정표대로

인간세상에서 추호도 틀리지 않게 그렇게만 표출된다.

요컨대 상제님의 천지공사가

바로 이 세상 둥글어가는 설계도이다.

상제님이 천지공사에서 틀을 짜신 것은, 천리(天理)와 지의(地義)와 인사(人事)에 꼭 들어맞는 최선의 방법으로 당신의 대이상향에 의해 새 세상을 창출하신 것이다.

그러면 새 세상을 창출하신 방법이 무엇인가?

바로 해원(解冤), 상생(相生), 보은(報恩)이다. 상제님의 모든 공사 내용은 해원이 바탕이 되어 있다. 신명들을 해원시켜 주지 않으면 서로 척(隻)에 걸려서, 앞 세상에 정사(政事)를 못한다. 상제님이 천지공사로 새 세상 틀을 짜도 아무런 소용이 없다. 이 때문에 상제님께서 모든 신명들이 해원하고 상생하고 보은하도록 천지공사의 내용 이념을 질정(質定)하셨다.

상제님 진리는 한마디로 말하면 불의를 뿌리 뽑고 정의를 규명하는 진리다. 천지공사의 틀 자체가 그렇게 되어 있다. 불의를 뿌리 뽑고 정의를 규명하는 바탕 위에 정의로운 순리(順理), 상생의 도로써 새 세상을 창출하셨다.

그런데 상제님이 주재자라고 해서 억압적으로, 상제님 자의대로, 독재로 공사를 보신 것이 아니다. "파리 죽은 귀신이라도 원망이 붙으면 천지공사가 아니니라"고 하신 말씀 그대로 지공무사(至公無私)하게 후천 5만 년 앞 세상이 펼쳐질 틀을 짜셨다. 역사적인 과정에서 한 시대를 같이 생활하다 간 모든 신명들의 공의에 의해 아주 지공무사하게 짜셨다.

그리고 상제님 일은 "모사는 재천[謀事在天]하고 성사는 재인[成事在人]"이다. 지나간 세상에는 "모사는 재인[謀事在人]하고 성사는 재천[成事在天]"이었다. 하지만 상제님 일은 지나간 세상과는 정반대이다.

　'모사는 재천'이라, 상제님이 천지공사로 앞 세상 둥글어갈 틀을 이미 짜놓으셨다는 말씀이다. 그리고 '성사는 재인'이라, 그 틀 그대로를 집행하는 것은 사람에게 맡겨 놓으셨다.

　상제님 문화는 그냥 문화가 아니라 개벽문화다. 기존의 것을 완전히 바꿔놓는 문화다. 죽는 세상에 전 인류를 살려서 새 세상을 만드는, 신천지를 만드는 문화다. 상제님이 그렇게 되도록 모사를 하셨다. 꼭 그렇게 되도록! 그리고 그것을 인사(人事)로 성사시키는 것은, 상제님의 일꾼들에게 맡겨 놓으셨다.

상제님이 신명정부를 조직하여 천지공사를 보시는데 9년이라는 세월이 걸렸다. 그러면 천지공사가 인간세상에서 매듭이 지어지는 데에는 얼마의 시간이 걸리는가?

그 프로그램, 시간표, 이정표에 의해서 백 년이라는 시간이 설정되어져 있다. 상제님이 공사를 보시던 그때서부터 천지공사의 프로그램이 인간세상에 표출이 되어 인사로 매듭이 지어지는 시간이 백 년이 걸린다. 신명들이 신명정부에서 해원을 위한 행위를 하면, 그 행위가 인간세상에 반영이 돼서 역사적인 현실로 표출이 되어 이 세상이 매듭지어지는데 백 년이 걸린다는 말이다. 어째서 백 년이냐 하면, 하도(河圖) 수 55와 낙서(洛書) 수 45●367를 더하면 합이 100이 된다.

세운을 조절해서 현실 세상에 기름도 치고, 초도 치고, 고춧가루도 치고, 여러 가지로 세상을 요리하려니 백 년이 필요하단 말이다.

상제님 일이 한 나라 일에 그칠 것 같으면 참 빠르고 쉬울 수도 있지만, 이 일은 막중대사인 천하사(天下事)이기 때문에, 이렇게 더디고 어렵고 멀 수밖에 없다. 그런데 이제 그 도수도 거의 다 찼다.

상제님의 천지공사는 우주촌에 세계 가족을 건설하신 것이다.

상제님께서 모든 신명들이 해원하고 상생하고 보은하도록

천지공사의 내용 이념을 질정하셨다.

상제님 문화는 개벽문화다.

죽는 세상에 전 인류를 살려서 새 세상을 만드는,

신천지를 만드는 문화다.

천지의 도

춘생추살

春生秋殺

天地의 道

五.
세계정세는 어떻게 변해 왔나

상제님께서 세계정세를 우리나라 대한민국이라는 바둑판을 바탕으로 해서 잡아 돌리셨다. 왜 우리나라가 바둑판인가?

바둑판을 살펴보면, 가로도 열아홉 줄이고, 세로도 열아홉 줄이다. 이 가로 열아홉 줄과 세로 열아홉 줄을 보태면, 서른여덟 줄이 된다. 그러면 삼십팔이 아닌가? 그게 바로 우리나라를 남한과 북한으로 가르고 있는 삼팔선의 삼팔(38)이다. 우리나라 삼팔선이 그렇게 해서 그어진 것이다.

그런데 이 삼팔선이라는 위도선은 우리나라의 국지적인 삼팔선이 아니고 바로 지구의 삼팔선이다. 경도와 위도라는 것은 지구라는 차원에서 그어진 것이지만 우리나라가 원래 바둑판이다 보니, 불모이동(不謀而同)으로, 그렇게 하려고 꾀하지 않았어도 그저 자연적으로, 삼팔선이 우리나라에 생겨진 것이다.

백 년 전 세상에, 지구의 삼팔선이 어디에 그어졌는지를 따질 사람이 그 누가 있었겠는가? 상제님은 참하나님, 우주의 주재자이시기 때문에 그걸 환하게 다 알고 그렇게 틀을 짜셨던 것이다.

바둑판은 또 그 점(點)의 수가 360점이다. 흑점이건 백점이건 바둑돌은 열십자 교차점에만 놓게 되어져 있다. 그게 360구멍이다. 원래는 삼백예순 한 구멍인데 하나는 천원(天元)이라 하여 군왕의 자리가 되기 때문에 쓰지를 않고 360구멍이 된다.

그러면 '우리나라가 어떻게 생겼기에 360구멍이 있느냐? 고

되물을 수 있다. 본래 우리나라 판도가 8도에 360주였다. 각 도의 남북도라는 것은 일본인들이 식민 통치를 하기 위해 행정 편의상 갈라놓은 것이었다. 원래는 전라도, 경상도, 충청도, 황해도, 강원도, 경기도, 평안도, 함경도, 그렇게 해서 8도였다.

그럼 왜 360주를 만들었느냐? 1년이 360일 아닌가. 그때는 한 고을에서 거둬들이는 세금을 가지고 나라살림을 하루씩 했다. 그러니까 전국 360고을에서 받는 세금으로 1년 360일의 나라살림을 집행하였다. 대전광역시 근처에 회덕이란 곳이 있는데, 그 회덕 고을에서 나는 세금을 가지고 나라살림 하루를 했다. 그리고 그 옆 진잠이라는 고을에서 나는 세금을 가지고 또 하루의 나라살림을 했고, 또한 그 옆 고을 진산에서 나오는 세금을 가지고 나라살림 또 하루를 했다. 그렇게 하면 해마다 예산 편성을 하지 않고도 나라살림을 백년도, 2백 년도, 천 년도 할 수 있다. 지금은 의회, 국회 같은 것이 구성되어 있어서 예산 심의도 하고 그렇지만 그때는 그런 기구가 없었다. 심의기구가 없으니 그저 360주를 편성하였던 것이다.

그런데 내가 일제시대에 방랑생활을 하며 우리나라를 돌아다니면서 보면, 우리나라의 한 고을 터는 지정학상으로 한 고을의 터가 되게끔 결혈(結穴)이 되어져 있다. 역(逆)할 데 가서는 역하기도 해서 꼭 집 하나씩 짓듯이 각각의 고을이 그렇게 자리를 잡았다. 회덕을 가서 보면 회덕 집을 그렇게 지었고, 진잠을 가서 보면 진잠 집을 그렇게 지었고, 진산을 가서 보면 진산 집을 그렇게 지었고, 지정학상으로 아주 꼭 그렇게 되어져 있다. 고을마다 청룡, 백호, 주산, 안산, 모든 것이 다 갖춰져 있단 말이다. 우리나라는 참 묘한 나라다. 내가 만주도 가보고, 중국도 다녀보고, 세계일주를 해서 안 가본 곳이 별로 없는데 우리나라만 특출하게 360고을이 짜여져 있다. 360고을 각각이 자작일가(自作一家)하여 독립적인 혈(穴)을 만들었다.

이와 같이 우리나라는 처음 땅덩어리가 생길 때부터 서른여덟(38) 줄과 삼백육십(360) 구멍의 바둑판과 똑같이 생겨졌다.

삼팔선은 바로 지구의 삼팔선이다.

백 년 전 세상에 지구의 삼팔선이 어디에 그어졌는지를

따질 사람이 그 누가 있었겠는가?

상제님은 참하나님, 우주의 주재자이시기 때문에

그걸 환하게 다 알고 그렇게 틀을 짜셨던 것이다.

상제님께서 이 세상 판 둥글어가는 것을 우리나라라는 바둑판을 중심으로 짜놓으셨다. 무슨 말인고 하니, 전라북도 순창 회문산에 오선위기(五仙圍碁) 혈이 있는데, 상제님이 그 혈 기운을 뽑아서 세계정세를 다섯 신선이 바둑 두는 것처럼 둥글어가게끔 만드셨다.

두 신선은 판을 대하고, 두 신선은 훈수를 하고, 한 신선은 주인이라! 주인은 어느 편도 들 수 없어 수수방관만 하고 그저 손님을 대접하는 공궤지절(供饋之節)만 맡았다.

네 신선은 일본, 미국, 중국, 러시아이고, 나머지 한 신선은 주인인 우리나라다. 그동안 내려온 역사적인 과정을 보면, 꼭 네 나라가 붙어서 우리나라 문제를 가지고 자기네들끼리 시비를 하였다. 감 놓아라, 배 놓아라 하면서 남의 살림 가지고 백 년 동안 그렇게 간섭을 하였던 것이다.

요새도 세계 사람들이 무슨 6자회담이니 4자회담이니 하는데, 그게 다 상제님이 공사로 이미 백 년 전에 틀을 짜놓으신 것이다. 조선을 주인 하나로 치면 오선위기인데, 지금은 삼팔선을 중심으로 남쪽 조선과 북쪽 조선, 즉 남한과 북한으로 갈렸기 때문에 주인이 둘이 되어서 6자회담인 것이다.

6자회담이란 것이 결국 오선위기이다. 오선위기이면서 6자회담이 된 것이다.

이렇게 다섯 신선이 바둑을 두다가 바둑이 마치면, 판과 바둑은 주인에게 돌려주고 네 신선은 각기 자기네 나라로 돌아간다. 아니, 남의 집에서 바둑 두고, 바둑판과 바둑돌을 갖고 가는 손님은 없지 않은가.

그러면 세계정세는 그걸로 끝나고 마는 것이다. 상제님 공사 내용이 그렇게 되어져 있다.

상제님께서 세상 둥글어가는 것을 삼변성도(三變成道)로 해서 씨름판 공사에 붙여 놓으셨다. 삼변성도란 세 번 변해서 매듭이 지어지고 비로소 도가 완성된다는 것이다.

그리고 씨름판에 붙이면서도, 다섯 신선이 바둑을 두는 형국으로 세상이 돌아가도록 판을 짜셨다. 왜냐하면 단주(丹朱)가 바둑판의 원조이고, 단주해원을 머리로 해서 신명해원 공사를 보셨기 때문이다. 단주가 평생 아버지 요임금한테 물려받은 것이 바둑판이기 때문에 천하를 바둑 두는 것처럼 한 번 굽이치게 만들면, 그것이 천자(天子) 한 번 한 것보다도 오히려 몇 곱쟁이 낫지 않겠는가 말이다. 그래서 상제님께서 씨름판 도수를 원 틀(體)로 하고, 다섯 신선이 바둑 두는 도수를 덧들이(用)로 붙여 놓으신 것이다.

우리나라 풍속에 난장판을 세워 민중을 즐겁게 하는 놀이가 있다. 젊은 세대들은 잘 모르겠지만 우리들 어려서만 해도 난장(亂場)에 씨름판을 만들어 놓고 씨름판 놀이를 붙였다.

난장판은 어떻게 서느냐?

지방의 무슨 시장(市場) 같은 곳에서 장사꾼들이 난장판을 세워서 물건을 팔아먹기도 하고, 또는 지방을 발전시키기 위해 독지가들이 추렴을 해서 난장판을 세우기도 했다. 요새로 말하면 100명, 200명이 몇 십만 원씩, 몇 만 원씩 난장판 운영비를 기부하는 것이다. 그렇게 해서 난장판을 세우게 되면, 먼저 애기판 씨름을 붙이고, 그 애기판이 끝이 나면 머리 땋은 총각들의 총각판 씨름을 붙이고, 다시 그 총각판이 끝이 나면 본격적으로 상투를 튼 어른들의 상씨름이 붙는다.

그런데 난장판에는 소걸이가 바탕이 된다. 상씨름에서 이기는 사람을 장원이라고 하는데, 장원을 하면 황소 한 마리를 타간다. 또 총각판에서도 씨름에 이기면 상을 주고, 애기판에서도 상을 준다. 해서 그 상씨름의 상품인 소 값을 비롯한 제반 운영 경비를 염출해서 난장판을 세우는데, 난장판이 크면 100리, 200리 되는 곳에서도 모두 구경하러 온다.

난장판은 규모에 따라 열흘도 하고 스무 날도 하는데 모두들 와서 호주머니를 풀어놓고 밥도 사먹고, 술도 사먹고, 생필품 같은 여러 가지 물건을 사기도 한다. 그렇게 해서 지방 금융이 풍부하게 돌아가고, 지방 경제도 발전이 되니까 난장판을 열었던 것이다.

상제님께서는 이 난장판을 세계 역사의 활무대에 세워 신명들이 해원을 할 수 있도록 천지공사의 틀을 짜셨다! 이 세계정세가 애기판, 총각판, 상씨름판으로 둥글어가게끔 상제님의 천지공사에서 이미 백 년 전에 틀이 짜여졌다. 제1차 세계대전이 애기판이고, 제2차 세계대전이 총각판이고, 우리나라 남한과 북한의 6·25동란 이후로 지금까지가 상씨름판이다.

그러면 제1차 세계대전이 왜 애기판이냐? 상제님께서는 일본 사람들을 끌어들여 러일 전쟁, 1차대전을 붙이셨는데, 당시 일본 군인들의 머리가 우리나라 애기들마냥 까까중 모양이었다. 그래서 1차대전을 애기판이라고 말씀하신 것이다.

또 총각판은 머리 땋은 총각들의 싸움으로, 2차 대전이다. 한쪽은 일본, 독일, 이탈리아 3국이 동맹을 하고, 또 한쪽은 중국, 영국, 미국, 러시아 등이 한 편이 돼서 싸웠다.

그러면 그게 왜 총각판이냐?

중국 사람들은 태어나서부터 죽을 때까지 편발(編髮)이라고 해서 머리를 기른다. 아주 긴 사람은 머리 꼬랭이가 한 발은 된다. 무술에 능한 사람은 머리 꼬랭이를 무기로 삼아 사람들을 치기도 한다. 해서 상제님이 총각판 씨름을 붙이는데, 머리 땋은 중국 사람들을 끌어들여서 2차 대전을 붙이신 것이다.

그리고 상씨름은 어른들, 상투쟁이끼리의 싸움이다. 상제님께서 공사 보실 당시 우리나라 실정이 어른들은 상투를 틀었다. 바로 6·25동란이 남쪽 상투쟁이와 북쪽 상투쟁이가 붙은 상씨름판이다! 8·15 광복 후에 삼팔선이 갈라져서 두 쪽이 난 다음에 같은 조선 사람끼리 싸움이 벌어진 6·25동란이 바로 동족상쟁(同族相爭)의 상씨름인 것이다.

요컨대 이 세상 둥글어가는 것이 애기판, 총각판, 상씨름의 씨름판이 진행되는 것처럼 전개되게끔, 상제님의 세운공사로 백 년 전에 이미 짜여져 있는 것이다.

회문산(回文山) 전북 순창군 구림면과 임실군 덕치면에 걸친 산(830m). 다섯 신선이 바둑판을 에워싼 오선위기 형국의 혈(穴)이 있다. 상제님께서는 이 혈자리의 기운을 취하시어 세계정세를 오선위기 형국으로 잡아 돌리셨다.

　　그런데 우리나라를 중심으로 새 세상의 기틀을 돌리려면 우리나라가 자주적이며 독립적으로 열강들과 겨룰 수가 있어야 하는데, 상제님이 천지공사를 행하실 당시에는 우리나라 국세(國勢)가 참으로 족탈불급(足脫不及), 맨발로 좇아가도 열강들을 따라가지 못할 지경이었다.

　　상제님이 오실 당시 우리나라는 정치하는 사람들이 실정(失政)을 했다. 묶어서 말하면 대원군이 쇄국(鎖國)정책을 썼다. 전 세계 사람들은 신문명을 개발해서 군함도 만들고 좋은 신예무기를 만들고 하는데, 우리나라는 상투 틀고, 갓 쓰고, 행전(行纏)●367 치고, 토시 끼고, 홀태버선 신고, 행의(行衣)●367 입고, 큰 띠 두르고, 긴 담뱃대(長竹) 들리고 그랬다. 그렇게 해서 그게 세상에 맞겠는가. 상제님이 한국 사람을 바탕으로 해서 판을 짜야 되는데, 너무나 과학지식이 미개하고, 맨날 양반 상놈만 찾고, 윤리 도덕만 찾았다.

　　당시 우리 민족은 너무너무 무지몽매하고 민도(民度)가 낮았다. 왜 그러냐 하면, 우선 고려왕조 474년이라는 세월, 근 오백년의 세월 동안 남의 나라 혼(魂)을 가지고 살았기 때문이다.

　　왕건이 고려국을 세우고서 우리 민족의 역사적인 신교(神敎), 즉 삼신(三神)신앙을 밀어치워 버리고 불교를 국교로 수립했다. 아니, 불교가 우리나라와 무슨 상관이 있나. 우리나라에는 환인천제, 환웅천황, 단군성조를 국조(國祖)로 해서 역사적인 민족의 혼이 있는데, 그것을 내던져 버리고 불교를 내세운 것이다.

고려가 들어서기 전까지 우리나라는 전래적으로 마을마다 사당(祠堂)이 있어서, 아기를 낳으면 그 사당에 가서 삼신 하나님께 출생신고를 했다. 그렇게 출생신고를 하고 나면 아이의 머리꼬리에 댕기를 드리웠다. 지금말로 댕기라고 하는데, 원래는 단기(檀祈)다. '단군'이라 할 때 쓰는 상나무 단(檀) 자에 빌기(祈) 자. 댕기는 '단군 사당에 가서 빌었다'는 표시인 것이다. 또 아기가 아프면 삼신사당에 가서 기도를 했다. "아무개가 아파서 앓고 있으니 좀 낫게 해주십시오" 하고.

그런데 불교가 점령했으니 어디 가서 빌 데가 있나. 그래서 고려시대 이후로 그런 풍속이 다 없어져 버렸다.

그렇게 혼 빠진 민족 노릇을 하면서 고려 오백 년 세월을 보냈고, 또 이성계가 조선을 세우고서는 유교를 국교로 내세웠다. 유교의 봉제사(奉祭祀)하는 문화를 받아들여 조상은 잘 위했지만, 우리나라 전통문화의 맥이 끊기고 말았다. 이렇게 해서 고려 5백 년, 조선 5백 년 도합 천 년 동안 우리 민족은 혼 빠진 민족이 되고 말았다. 혈통으로 말하면 족보 없는 민족 노릇을 천 년 동안 한 것이다.

그런데다가 정치라도 그런대로 잘했으면 모르는데, 숱한 당쟁으로 서로가 죽이고 죽임을 당했다. 그리고 양반 등살에 일반 서민들은 도저히 살 수가 없었다. 양반들이 얼마나 핍박을 했던지, 산 게 기적이다.

조선시대의 세금 중에 군정세(軍旌稅)라는 게 있었다. 군사 군(軍) 자, 깃대 정(旌) 자. 그 군정세를 불알세라고 했다. 상놈이 아들을 낳으면 '네놈 상놈이 아들을 낳았으니, 그 아들 낳은 세금을 내야 될 것 아니냐'는 것이다.

그러니 상놈은 마음 놓고 불알 달린 사내새끼도 낳을 수 없었다. 만일 사내를 낳으면 가난한 사람들이 그 세금 내느라고 세세연년에 죽을 지경이다. 게다가 세금만 내고 말면 괜찮은데, 군대를 가야 한다. 상놈은 사내를 낳으면 세금도 내고 군대도 가야 하고, 양반은 양반인지라 사내를 낳아도 세금도 안 내고 군대도 안 갔다. 참 불공평하다. 정치를 그렇게 고약하게 했다.

그래도 나라 제도가 그렇게 됐는데 어떻게 할 도리가 있나. 입 한 번만 잘못 열어도 그냥 끌려가서 죽지 않으면 병신이 되었다. 그저 아무 소리도 못하고 당했다. 그게 우리나라 조선조 말엽의 정치 행태다.

그리고 사람은 못 배우면 사람 두겁만 썼을 뿐이지 짐승하고

168

비슷하다. 우리들 어려서만 해도 한 동네에 한문을 아는 사람이 몇 명이 안 됐다. 세종대왕이 만든 우리나라 국문을 그 당시는 언문(諺文)이라고 했는데, 언문도 가정이 좋은 사람이라야 배웠다. 그것도 이야기를 들어보면 종이를 사서 언문을 배운 사람이 별로 없었다. 모래를 퍼다 놓고 모래 위에 손가락으로 'ㄱ', 'ㄴ', 'ㄷ', 'ㄹ' 이렇게 그려가며 배웠다는 것이다.

우리 민족이 또 이 세계 속에서 약소국이었다. 땅덩이도 작고, 땅덩이가 작으니 국민의 수도 적었다. 우리나라 문화가 인류의 모태 문화이건만 그러했다.

그러니 상제님이 볼 때 이 민족을 데리고 쟁쟁한 세계 열강 속에서 뭘 어떻게 하겠는가. 세상 사람들의 심부름꾼도 안 되는 실정(實情)이었다. 그래서 상제님께서 우리나라를 의탁(依託)할 곳을 찾으셨다. 일정한 기간 우리나라를 남의 나라에 맡겨 껄이라도 벗겨서 심부름꾼이 될 만큼이라도 문명을 시키지 않고서는 아무런 방법이 없었다.

해서 판을 짤 때 상제님이 조선의 힘을 축적시키기 위해 여러 상황을 놓고 심사숙고하셨다. 먼저 우리나라를 서양으로 넘기자니, 인종이 다르므로 차별과 학대가 심하여 다시 되물려 받을 수가 없다고 하셨다. 그러니 서양으로 넘기지 못하고, 또 중국에 넘기자니 그 사람들이 우둔해서 우리 민족이 뒷감당을 못할 것이고, 그래도 일본에게 넘기는 것이 우리 민족이 그 중 힘을 기르기에 좋겠다고 해서 일본에게 의탁을 시키셨다.

그런데 상제님이 우리나라를 일본으로 넘기면서, 일본에게 잠시 천하를 통일할 수 있는 기운과 일월과 같이 크게 밝은 기운을 붙여주어 일본을 천하의 일꾼으로 내세우되, 그들에게 주지 못할 것이 있다고 하셨다.

그게 무엇이냐 하면 바로 어질 인(仁) 자, 다시 말해서 도덕률이다. 만일 그들에게 도덕률까지 붙여줄 것 같으면 천하는 다 일본인 세상이 되지 않겠는가.

또 말씀하시기를 "어질 인(仁) 자는 너희들에게 붙여주리니 다른 것은 다 빼앗겨도 어질 인 자는 뺏기지 말라. 너희들은 편한 사람이요 저희들은 곧 너희들의 일꾼이니라. 모든 일을 분명하게 잘하여 주고 갈 때는 품삯도 못 받고 빈손으로 돌아가리니 말대접이나 후하게 하라"고 하셨다.

세계정세가 애기판, 총각판, 상씨름판으로 둥글어가게끔

상제님의 천지공사에서 이미 백 년 전에 틀이 짜여졌다.

제1차 세계대전이 애기판이고

제2차 세계대전이 총각판이고

우리나라 남한과 북한의 6 · 25동란 이후로

지금까지가 상씨름판이다.

애
기
판
씨
름
은

제
1
차

세
계
대
전

상제님의 천지공사로 러시아 발틱함대를 격파한 일본

상제님은 조선을 일본에게 맡기는 대신, 일본에게 힘을 불어넣어줘서 러일전쟁에서 이기게 만드셨다. 일본군이 러시아 발틱함대를 때려부순 것도 상제님이 동남풍을 불러서 공사 보신 결과이다.

러일전쟁을 시작할 때 일본에서는 국론(國論)도 갈라졌거니와, 학생들이 전쟁을 막기 위해서 철로를 베고 누워 저지를 했으나, 노기(乃木) 대장의 강력한 도전에 의해서 전쟁이 붙게 되었다. 그 숱한 이야기를 다 할 수는 없지만, 일본이 군함 몇 척을 가지고 38척이나 되는 발틱함대를 어떻게 두드려 부술 수가 있나. 상제님이 천지공사를 집행하셔서 일본이 발틱함대를 무찌르게 만드셨단 말이다. 상제님의 공사 내용을 모르는 사람들이야 그걸 어떻게 알 수 있겠는가.

관운장을 서양에 보내어 싸움을 붙이시다

그러면 상제님이 씨름판을 붙여놓고 어떻게 집행을 하셨느냐?

중국 『삼국지』를 보면 참 멋지지 않은가. 『삼국지』처럼 장대하고 통쾌하고 의리 넘치는 전쟁사가 없다. 그건 아주 꾸민 소설이 아니고, 거개가 역사적인 사실이다. 『삼국지』에서 가장

172

영웅적이고 대인대의(大仁大義)한 분이 바로 관성제군(關聖帝君)이다. 오관참장(五關斬將) 관운장이다. 두 형수, 감(甘) 부인과 미(糜) 부인을 가마에 태우고 필마단기(匹馬單騎), 말 한 필과 칼 한 자루로 오관(五關)을 깨뜨려가면서 적진을 헤쳐나간 관운장! 그 충천한 의기! 하늘인들 어찌 무심하고 신명인들 어찌 돕지 않겠는가! 그런 관운장을 세계 전란을 일으키는 선봉자로 상제님이 임명하셨다. 지금 말하는 것은 모두 현실역사의 이면인 신명세계에서 일어난 일이다.

그런데 상제님이 관운장을 초혼하여 그에게 서양에 가서 싸움을 일으키라고 하명을 하셨건만 그가 즐거워하지 않는다. 그러자 상제님이 관운장의 삼각수(三角鬚) 한쪽을 잡아뜯어 버렸다. 태인 관왕묘에 모셔진 관운장 조각상의 수염 한 갈래가 바닥에 떨어져 있었다는 게 바로 그 공사이다. 아니, 우주의 주재자이고 통치자이신 하나님이 명령을 내리는데 어길 재주가 어디 있나. 관운장이 수염을 뽑히고서야 봉명(奉命)을 했다.

그렇게 해서 관운장이 서양에 가서 전쟁을 일으켰는데, 오스트리아 황태자가 보스니아의 사라예보를 방문하던 중 세르비아의 한 청년에게 피살을 당해, 거기서부터 1차 대전이 발발하게 되었다. 1914년에 발발한 이 애기판 씨름은 약 4년 후 1918년에 종식이 되었고, 그 애기판 끝에 국제연맹이 결성되었다.

총각판 씨름은 제2차 세계대전

1937년 7월 7일 북경 교외의 노구교(蘆溝橋) 인근에서 야간 훈련 중이던 일본군이 중국군을 공격한 것이 계기가 되어 중일 전쟁이 발발하였다. 이 중일전쟁으로 시작된 제2차 대전이 바로 총각판 씨름이다.

그 당시에 일·독·이(日獨伊) 3국이 동맹을 하여 세계를 제패해서, 일본의 도조(東條), 독일의 히틀러, 이탈리아의 무솔리니가 지구를 삼분천하(三分天下), 세 쪽으로 나누어 갖기로 했다. 그 싸움이 10년을 갔다. ●367

나는 어린 나이에도 세상 돌아가는 꼴을 보기 위해서 방랑생활을 하였다. 동으로 서로, 오늘은 조선, 내일은 만주, 모레는 북지로 내가 다닐 수 있는 데를 그렇게 많이 돌아다녔다.

그러면서도 내가 일본이 쫓겨 들어가는 날짜까지도 알고 있었다. "세월여유검극중(歲月汝遊劍戟中)인데 왕겁망재십년호(往劫忘在十年乎)아", '세월아, 네가 전쟁 가운데서 흘러가는데 그 전쟁하는 세월이 10년을 간다는 것을 잊었느냐 는 말이다.

결론적으로 10년 전쟁을 한다는 말이다. 그렇다면 10년째 되는 해에 손을 들 것 아닌가!

그러면 10년 되는 해에 전쟁이 끝난다는 것은 알았는데, 과연 그 날짜는 언제인가? "칠월칠석삼오야(七月七夕三五夜)요 동지한식백오제(冬至寒食百五除)라", 상제님이 세상 비결이라면서 일러주신 말씀이다.

'칠월칠석삼오야', 이게 일본이 손드는 날짜다.

음력으로는 7월 7일, 양력으로는 8월 15일!

'삼오', 석 삼자 다섯 오자를 더하면 8이다. 또 삼오를 곱하면 15가 된다. 그러니까 삼오라는 글자가 8월 15일을 가리킨다. 밤 야 자는 어조사 야(也)자와 발음이 같은 자로 쓴 것이다. 우리나라가 해방되는 8월 15일을 그렇게 말씀하신 것이다.

나는 '일본이 을유년 8월 15일에 쫓겨 들어간다'는 상제님의 공사 내용을 이미 알고 있었다. 머리맡에 그 비결을 써서 붙여놓고 날마다 읽어보는 것이 유일한 낙이었다.

나는 그 전쟁이 그렇게 짜여져 있다는 것을 알았기 때문에, 해방 1년 전 갑신년 하절기에 그때까지의 동가식서가숙(東家食西家宿)하던 방랑생활을 다 접었다. 그러고서는 경기도 김포군 대곶면(大串面) 면사무소 식량계의 담당 서기였던 삭녕(朔寧) 최씨 최우전이라는 친구에게 식량을 도움받아 반려자인 처(妻)를 더불고, 그곳 대능리의 어느 집 협실 한 칸을 얻어 안주하면서 광복의 날을 손꼽아 기다렸다.

그런데 과연 8월 15일을 맞이해서 일본이 항복을 하고 ●368 우리나라가 광복을 되찾았다. 이렇게 하여 총각판이 끝이 나고, 국제적인 불량 국가를 제지하고 징계하기 위한 기구로 국제연맹을 강화하여 국제연합(UN)을 발족시켰다.

일본이 어떻게 해서 망했느냐 하면 배사율(背師律)에 걸려서 망했다. 등 배(背) 자, 스승 사(師) 자, 선생님을 배반한 율법에 의해서 망했다.

우리나라는 본래 일본의 선생님 나라다. 단적으로 말하면 그네들의 혈통조차도 우리나라 혈통이다.

내가 일본에 가서도 그런 교육을 시켰는데, 백제 사람들이 백제국의 통치 체제에 의해서, 또는 신라, 백제, 고구려, 가야의 백성들이 새로운 땅을 찾아서 대거 일본으로 이주해 갔다. 그래서 일본의 본토민은 아이누족이지만, 일본사람 90퍼센트 이상은 우리나라 혈통이다. 그러한 일본이 우리나라 문화를 배우고 싶어서 백제국에 요청을 했다. "학자를 보내서 우리도 글을 좀 가르쳐 주십시오" 하고 말이다.

그래서 전라도 영암에 살던 왕인(王仁)[368], 성은 왕씨고 이름은 착할 인 자, 외자 이름인데, 왕인이라는 학자를 일본에 보내서 사무라이들을 교육시켰다. 그렇게 해서 우리나라 문화를 일본에 전수해줬다. 그들 문화의 뿌리가 우리나라 문화인 것이다. 왕인 박사는 우리나라로 다시 건너오지도 못하고 거기서 생을 마감했다. 그리고서 한 천2백 년 후에 정유재란 때 일본이 강항(姜沆, 1567~1618)●368이라는 전라도 사람을 납치해 데려다가 미진한 것을 더 배웠다.

그래서 일본 문화라는 것은 우리나라 문화를 그대로 송두리째 전수받은 것이다. 또한 일본의 과학문명, 생활이기(生活利器)와 같은 신문명은 전부 서양 사람들한테 배운 것이다. 이등박문(伊藤博文) 같은 사람도 서양에 가서 유학을 한 사람이다. 명치유신이 그렇게 해서 열린 것이다.

역사적으로 들어서 잘 알 테지만, 2차 대전 당시 세상은 다 일본 제국주의 세상이 되었다. 우리나라는 일제의 식민지였으니 말할 것도 없고, 일본이 만주 땅을 다 차지하고는 청나라의 마지막 황제 부의(溥儀, 1906~1967)를 업어다가 강덕(康德)이라는 연호 하에 만주국(滿洲國)의 허수아비 통치자로 앉혀 놓았고, 또한 중국도 거의 다 먹어치웠다. 그래서 장개석 주석이, 『삼국지』에 나오는 서촉(西蜀)이라고 하는, 지금의 중경(重慶)까지 쫓겨 들어갔다.

일본이 또한 대만도 1894년 청일전쟁 후부터 점령하고 있었고, 그리고 대동아공영권(大東亞共榮圈)이라는 슬로건 아래, 인도차이나, 태국, 홍콩, 말레이시아, 싱가포르, 버마(미얀마), 필리핀 등도 다 함락시켰고, 남양군도(南洋群島)의 한 천 개 되는 섬도 다 먹어치웠다. 다 일본인 세상이었다. 그러니 그때 일본이 망한다는 건 누구도 생각조차 할 수 없었다. 했건만 배사율에 걸려서 망하게 되었다.

우리나라가 선생님 나라인데, 선생님 나라를 30년 이상 깔고 앉아서 못살게 했으니 신명계에서 그걸 용서할 리가 있나. 상제님이 말씀하시기를 "조선은 원래 일본을 지도하던 선생국이었나니 배은망덕(背恩忘德)은 신도(神道)에서 허락하지 않으므로, 저희들(일본)에게 일시의 영유(領有)는 될지언정 영원히 영유하지는 못하리라"고 하셨다.

또한 일본이 과학문명을 서양한테 배워서 서양을 치러 달려붙으니 그것도 역시 배사율이 아닌가. 상제님이 "일본 사람이 미국과 싸우는 것은 배사율을 범하는 것이므로 장광(長廣) 팔십 리가 불바다가 되어 참혹히 망하리라"고 하신 것과 같이, 일본이 하는 짓이 너무 불의해서 신명들이 '일본 족속은 그냥 둘 수가 없다' 하고 배사율의 율법에 의해 나가사끼(長崎)와 히로시마(廣島)에 원자탄 세례를 퍼부었다. 불의한 행위에 신명계의 심판을 받은 것이다.

결과적으로 일본은 우리나라에 와서 역사(役事)만 죽도록 하고 빈손으로 돌아갔다.

상제님이 청국 공사를 보시는데 공사 보실 당시 중국 이름이 청나라다. 그때나 지금이나 지구상에서 가장 인종 씨알 많은 데가 중국이다.

중국이라는 나라는 본래 한족(漢族)과 55개 소수 민족들이 뭉쳐서 구성된 나라다. 지금 중국의 공식적인 인구가 12억이니 13억이니 하지 않는가. 그때도 역시 그 비례로 인구가 많았다.

그런데 상제님이 청국공사를 봐야겠는데 청국을 가자 하니 길이 너무 멀고, 또한 청국 기운이 응기되어 있는 청주 만동묘(萬東廟)에 가서 공사를 보려 하니 역시 길이 멀다.

만동묘는 우암 송시열이 사대주의 사상으로 명나라 황제 신종(神宗)과 의종(毅宗)의 위패를 봉안하고 지극정성으로 받들던 사당이다. 그렇게 모셔놓고 대명조선(大明朝鮮)이라고 해서, 명나라는 대국이요 조선은 스스로 소국으로 자처를 했다. 지금도 몇 백 년 전의 명묘대지(名墓大地)를 다니면서 비석을 살펴보면, 연호가 대명조선이라고 새겨져 있다.

그래서 청주 만동묘 대신에 상제님이 공사를 보시던 구릿골 근처 청도원(淸道院)이라는 마을에 가서, 청국 기운을 그곳에 응기시켜 청국공사를 보셨다. 그때 잠시 조시더니 일어나 말씀하시기를 "아라사 군사가 내 군사니라. 청국은 아라사 군사에게 맡기는 수밖에 없노라"고 하셨다. 상제님이 잠깐 조신 게 뭐냐 하면, 청국을 어떻게 심판하느냐를 두고 역사적인 신명들의 공의를 지켜보신 것이다.

그 신명들의 공의가 어떻게 나왔느냐?

'중국은 아라사로 붙이는 수밖에 없다'는 것이다. 중국을, 신명을 부정하는 공산 종주국 아라사에 맡겨서 공산화시킨다는 것이다. 아라사가 러시아다. 아라사는 공산 종주국이 아닌가. 유물론자의 종주국이다. 상제님이 중국을, 신을 부정하는 아라사에 붙여 보내셨으니 중국은 신명을 부정하는 유물론자가 되어버린 것이다.

그러면, 신명들이 청국을 왜 그렇게 심판을 했는가?

역사적인 측면에서 볼 때, 중국은 '낙양(洛陽)은 천하지중(天下之中)'이라고 해서, 북경, 남경 등 자기네들 도읍하던 수도를 천하의 중심이라 하고, 동서남북 사방에 사는 타민족들을 가리켜 버러지 같고, 짐승 같고, 오랑캐 같고, 야만인 같다고 했다.

남만(南蠻)이라고 해서 남쪽에 사는 사람들은 버러지 같고, 북적(北狄)이라고 해서 북쪽에 사는 사람들은 개짐승 같고, 동이(東夷)라고 해서 동쪽에 사는 사람들은 미개한 오랑캐이고, 서융(西戎)이라고 해서 서쪽에 사는 사람들은 천박한 야만인이라고 했다. 중국권외의 각색 인종들은 물건으로 말하면 미완성

품이고 자기네들 족속만이 완성품이라는 말이다. 이렇게 여러 천 년 동안 타민족을 멸시하고, 학대하고, 죄악시하고, 인간 이하 취급을 했다.●368

또 그들은 문명의 창시자인 태호 복희씨도 사람 취급을 안했다. 태호 복희씨가 팔괘를 그어 천하를 문명케 했다는 것은 천하가 다 알고 있는 사실이고 또한 그네들도 그 문화권에 수용을 당해서 생존해 왔건만, 문화의 창시자를 원시 자연인의 백두(白頭), 맨 머리에 "인두사신(人頭蛇身)", '사람 머리에 뱀의 몸'으로 그려 놓았다.

그뿐만이 아니다. 신농(神農)씨는 어떻게 만들어 났냐 하면, "우두인신(牛頭人身)", '소머리에 사람 몸뚱이'로 전락시켰다.

그러면서도 역사적으로 그 뒤에 나온 자기네 나라 치자(治者)들은 면류관도 씌우고 곤룡포도 입혀서 아주 존엄한 위의(威儀)를 갖춰 그려 났다. 그네들이 역사를 그렇게 왜곡하였다.

그래서 4, 5천 년 역사 과정에서 같은 시대를 살면서 중국에게 억울하게 당했던 신명들이 공의를 모아 중국을, 신명을 부정하는 공산주의 국가로 만들어 버렸다.

내가 한 10여 년 전에, 중국에도 새 진리의 씨앗을 좀 뿌려볼까 하고 중국에 간 사실이 있다. 상제님 공사를 뻔히 알면서도 인구가 하도 많아서 '얼마라도 살려야겠다' 하고, 『다이제스

트 개벽』을 비롯하여 『도전(道典)』에 이르기까지 이것저것 해서 책 두 박스를 가지고 갔었다.

그런데 천진(天津) 공항에서 다 압수를 당했다. 많은 수작을 해 보았으나, 절대로 불통(不通)이었다. 해서 "그러면 보관을 했다가 본국으로 돌아갈 때에 찾아가겠다"고 했으나, 끝내 다 압수를 당하고 한 권도 돌려받지 못했다. 그리고서 죄인 취급을 당했다.

그런데 상제님 진리를 받아들이지 않으면, 죽는 수밖에 없잖은가. 천지신명들이 그렇게 중국을 거부하고 내던져 버리려고 하니, 벗어날 무슨 재주가 있겠는가.

남의 나라 역사까지 빼앗으려 드는 중국

역사적으로 중국은 자민족(自民族)이 자기네 나라를 통치한 때가 거의 없었다.

하나 예를 들면, 청(淸)나라 하면 그게 여진(女眞)족이다. 여진족 누루하치(奴兒哈赤)가 명(明)나라를 정복하고 청나라를 세웠다. 그리고 명나라를 세운 주원장(朱元璋)●372은 우리나라 사람이다. 주원장이 중국에 들어가 원(元)나라를 정복하고 명나라를 세웠다. 또 원나라를 세운 칭기즈칸은 몽고족이다. 숱한 역사 얘기를 다 할 수는 없지만 중국이라는 나라는 자기 민족도 자력(自力)으로 통치를 하지 못한 나라다.

그리고 역사적으로 중국이 우리나라를 정복하러 달려 붙어서 그들이 오히려 망하지 않은 때가 없었다.

우선 수(隋)나라의 양제(煬帝)가 수륙대군 113만 명을 출병할 때, 식량 조달을 하는 보급부대와 같은 군속(軍屬) 130만 명을 포함해서 250만 대군을 거느리고 기세등등하게 고구려 정벌에 나섰다가 살수 싸움에서 을지문덕 장군에게 전멸을 당하고 말았다. 간신히 자기네 나라로 도망가서 군대를 점검해 보니 살아남은 군사가 겨우 호위병 2천7백 명에 불과했다.

동서양 전쟁사를 통해서 수백만 군대가 한자리 싸움에서 전멸을 당하고 겨우 몇 천 명만 살아남은 전쟁은 오직 그 하나밖에 없다.

그러다 보니 수 양제는 설 자리를 잃어버렸다. 민심이 다 떠나 버린 것이다. 사람 하나 죽으면 거기에는 수십 명의 인간관계가 얽혀져 있는데, 아버지, 아들, 사위, 남편, 삼촌, 형, 동생, 조카, 당질 등을 데려다가 죽인 사람이니 당연히 민심이 떠날 것 아닌가?

그리고 그 전에 수 양제가 북경에서 항주까지 운하를 파는데 10년을 팠다. 그때 이미 수 양제가 적실인심(積失人心)을 해서 백성들이 다 등을 돌렸다. 그런데다가 백성을 다 징발해서 죽여 버렸으니 누가 좋다고 하겠는가?

어느 시대 어느 사회를 막론하고 위급한 때에는 세상을 엿보는 사람이 있게 마련이다. 그때 이연(李淵)이라는 사람이 아들 이세민(李世民)을 데리고 수 양제를 들이쳐 버렸다. 그렇게 해서 세워진 나라가 당나라다.

그 후에 당 태종 이세민이 생각하기에, 나라 하나 빼앗는 게 별로 어렵지 않게 여겨졌다. 그래서 그 여세를 몰아 고구려도 정복하기로 결심을 하고, 정규군 30만에 군속 25만 해서 오륙십만 대군을 거느리고 고구려 토벌에 나섰다.

승승장구하여 고구려의 요동지역을 함락시킨 당 태종은 안시성에 이르러 성을 포위했다. 그러나 고구려군의 끈질긴 대항으로 싸움은 2, 3개월이나 지속되었다. 그러다가 연개소문의 대반격에 크게 패한 당 태종은 설상가상으로 그만 양만춘의 화살에 눈을 맞아 부상을 당하고서 쫓겨 들어갔다.

요택(遼澤)을 건너서 군대를 점검해 보니, 겨우 호위병 3, 4천 명이 따랐을 뿐이었다. 그 후 당태종은 수 년 동안 화살 맞은 눈을 앓다가 그 여독으로 죽게 되었다.

중국의 역사가 이러하건만, 다른 민족들을 그렇게 짓밟고, 버러지만도 못하다느니, 짐승만도 못하다느니, 야만인이라느니 하면서 여러 천 년 동안 능욕을 가했다.

그리고 역사적으로 그네들이 우리나라를 얼마나 압박했는가?

우리나라를 침략한 것은 말할 것도 없거니와, 중국 사신 하나 맞으려면 '은혜를 맞는 문이다' 해서 영은문(迎恩門)●372에 나가서 맞이하고, 그네들의 필요에 따라 미녀도 바치고, 그네들이 요구하는 물건이면 무엇이고 다 바치다 못해, 심지어 황색연(黃色煙)이라는 맛 좋은 담배까지도 다 바쳤다.

또 태자를 봉하려고 해도 중국의 동의를 얻어야 했고, 왕이 등극을 할래도 중국의 동의를 얻어야 했고, 나라 이름 짓는 것도 중국의 동의를 얻어야 했다. 그 얼마나 남의 민족에게 부당한 처사인가.

그리고 오늘날에 이르러 동북공정(東北工程)이라는 미명하에 우리나라 고조선, 고구려 역사를 전부 다 자기네 부속품으로 만들기 위해서 2002년부터 5년 간에 걸쳐 200억 위안(약 2조 5천억 원)을 쏟아부었다고 한다.

우리나라 역사를 자기네 역사로 날조하는 걸 합리화시키는 데에, 누가 봐도 그렇다고 타당하게 여기게끔 역사를 조작하는 데에, 그 공작금으로 2조 5천억 원이라는 천문학적인 자금을 쓴 것이다.

허나 역사의 정의라 하는 것은 그렇게 해서 그 틀이 뒤집어지는 것이 아니다. 지금 하추교역기에 천지에서 인간개벽을 하는데 역사를 천 번, 만 번 바꿔 쓴다고 해서 역사의 주체가 바뀌지는 것이 아니다.

"칠월칠석삼오야(七月七夕三五夜)",

상제님이 세상 비결이라면서 일러주신 말씀이다.

이게 일본이 손드는 날짜다.

음력으로는 7월 7일, 양력으로는 8월 15일!

'삼오', 석 삼자 다섯 오자를 더하면 8이다.

또 삼오를 곱하면 15가 된다.

그러니까 삼오라는 글자가 8월 15일을 가리킨다.

우리나라가 해방되는 8월 15일을 그렇게 말씀하신 것이다.

2차 대전이 끝나고 우리나라가 연합군에 의해 8·15 해방을 맞이하고, 그 후 군정(軍政) 3년을 거쳐서 남쪽 조선, '남조선'에 반쪽 나라가 세워졌다. 그리고 몇 년 후인 경인(1950)년에 상투쟁이끼리의 싸움, 6·25 동란이 터졌다.

그런데 『도전』을 보면 "만국활계남조선(萬國活計南朝鮮)이요 청풍명월금산사(淸風明月金山寺)라"는 상제님 말씀이 있다. '만국을 살려낼 활방은 오직 남쪽 조선에 있고 맑은 바람 밝은 달의 금산사로다.' 지금으로부터 백 년 전, 20세기 초에 이미 상제님이 천지공사에서 우리나라를 남조선 북조선으로 갈라 놓으신 것이다.

그 성구가 하도 좋아서, 내가 아홉 살 때 그걸 모필로 입춘서를 써서 우리 집 상기둥●372 나무에 붙인 사실이 있다. 그런데 상제님 어천 후 그때는 아직 남조선 북조선이 없을 때였다.

참고로 일화 한마디를 덧붙이겠다.

일본 식민 통치하에 전국적으로 주재소라고 있었는데, 지금으로 말하면 파출소와 같은 곳이다. 그 주재소의 수석주임 자리에는 오직 일본인만을 임용했었다. 그런데 그 사람들이 출장을 나오면, 으레 술 한 잔이라도 대접받을 수 있는 지방 유지들을 찾아간다. 우리 집에도 자주 왔었는데, 그렇게 찾아오면 미

우나 고우나 술 한 잔을 줄 수밖에 없었다. 그런데 하루는 술을 마시다 그 입춘서를 쳐다보며 "앙꿍(安君), 난조센까(南朝鮮か)?" 한다. '남조선이 무엇이냐? 고 묻는 것이다. 남조선 북조선을 그 사람이 알 턱이 있나. 8·15 후에야 남조선과 북조선이 갈렸지 않은가.

상제님은 참하나님이시니 '만국활계남조선'을 공사로써 벌써 그어 놓으신 것이다. 상제님께서 삼팔선을 딱 그어 남조선 북조선으로 나누어 놓고, 세계 상씨름판을 우리나라 삼팔선에 걸어 놓으셨다.

삼팔선에 세계 상씨름을 갖다 붙이셨다!

이제 6·25동란이 발발해서 상투쟁이끼리 샅바 잡고 싸운 지가 50여 년이 되었다. 그런데 아직도 승부가 나지 않았다. 이렇게 삼팔선을 중심으로 해서 샅바 싸움을 하고 있지만, 여태 승부가 안 났다. 어느 한 쪽이 무너져 패자가 있어야 승부가 날 것이 아닌가. 그런데 아직 그게 없단 말이다.

김정일이 군비를 증강하고 전쟁 준비를 하는 것은 러시아하고 싸우려는 것도 아니고, 중국하고 싸우려는 것도 아니고, 또 일본을 먹으려고 하는 것도 아니다. 다만 남쪽 나라 대한민국을 무력통일을 하겠다는 것이다. 이건 자타가 다 공인하는 것이다.

6·25 동란은 아직 끝난 게 아니다. 정전(停戰), 머무를 정 자, 싸움 전 자, 싸움을 하다가 머물렀다. 휴전(休戰), 쉴 휴 자, 싸움 전 자, 전쟁을 하다가 쉬고 있는 것이다. 상제님 세운공사에 의해 세계 각색 국가들이 뭉쳐 지금도 국제정세를 훈수하고 있다.

그런데 『도전』을 보면, 상제님이 공사 보시면서, "상씨름이 넘어간다!" 하고 소리치신 구절이 있다. 그러면 '넘어간다' 고 하셨으니 언젠가는 상제님이 공사보신 프로그램, 시간표, 이정표에 의해서 끝이 날 것이 아닌가.

상씨름판에 소가 나갔다

상씨름을 하는 데는 으레 소가 등장한다. 지금도 씨름판이 많이 벌어지는데, 요즘은 소는 조각물로 대신하고, 소 대신 그 소 값을 상금으로 준다.

상제님께서 말씀하시기를 "씨름판에 소가 나가면 판이 걷힌다"고 하셨다. 이 세상이 매듭을 짓는다는 말씀이다.

그런데 그 씨름판대에 고(故) 정주영 현대그룹 명예회장이 소 천여 마리를 갖다가 등장시켰다! 아니, 정주영 씨가 소를 가지고 삼팔선에 나갈 것을 누가 알았겠는가!

본래 그가 서산 A, B지구 간척지를 막아 공단을 조성하려고 했다. 그게 서산, 홍성, 보령 세 군을 건너막은 것이니 얼마나 넓겠나. 그런데 아무리 애를 써도 정부에서 공단 허가를 해주지 않는다. 그래서 할 수 없이 그 간척지에다 농사도 짓고 목장을 만들어 소도 키웠다. 소를 키우면서 그 소를 '통일소'라고 이름을 붙였다. 그러다가 결국 그 소를 김정일한테 가져간 것이다.

그 통일소가 나가면서 남쪽 대한민국과 북쪽 인민공화국이 영수회담을 했고, 적십자 회담도 하고, 장관급 회담도 하고, 이산가족도 상봉하고, 끊어진 철도도 잇게 되었다.

이게 국제정세인지라 그런 여러 가지가 급전직하(急轉直下)에, 한 50길, 100길 되는 데서 폭포수 떨어지는 것처럼 빨리 돌아가고 있다. 알든지 모르든지, 싫든지 좋든지 간에 지금은 소걸이를 해서 상씨름판 마무리 작업을 하는 때이다.

상씨름, 어떻게 매듭지어지나

이번에 남북의 문이 열린다! 상제님의 공사 내용이 그렇게 되어져 있다. 이건 내가 만들어서 하는 이야기가 아니다. 나는 진리의 사도로서 진리를 대변할 뿐이다.

어쨌든 변화무쌍한 게 인간 세상이고 세상 정국이니 어떤 변수가 생길지 모르지만, 그 틀은 다 정해져 있다. 이 세계 각국,

미국, 러시아, 중국, 일본, 대한민국, 북한 등 그런 건 다 정해져 있잖은가. 사람도 그 사람이고, 6자회담 같은 것도 다 정해져 있고, 모든 가지가 다 정해져 있다. 거기서 어떤 변수에 의해 조금 늦춰진다, 조금 앞당겨진다 하는 게 있을 뿐이지 그 틀은 이미 정해져 있다. "앞으로 세상에서 다 일러 준다"는 상제님 말씀이 그 말씀이다. 세상이 다 알려 준다!

그러면 오선위기도 이제 마감을 하고, 남북 문도 열린다.

남북 문이 열리면 어떻게 되겠는가?

다 똑같이 공멸(共滅)을 한다. 세상 사람이 다들 하는 말이다. 남북 문이 열리면, 승부를 따지기 이전에 젊은이들이 다 희생된다는 것이다. 승리를 하면 뭘 하고 패배를 하면 뭘 하나. 살기 위해서 전쟁도 하는데, 지고 이기고 승부를 떠나서 사람이 다 죽으면 무슨 소용이 있나.

그래서 아무리 좋게 매듭을 지으려 해도 종국적으로는 아무런 방법이 없기 때문에 우주의 주재자이신 상제님께서 하는 수 없이 병으로써 매듭을 지으셨다.

상제님이 성도들에게 "상씨름이 넘어간다. 전쟁이 일어난다"고 말씀하셨다. 이에 성도들이 "그러면 다 죽지 않습니까?" 하고 여쭈니, 상제님께서 "병이 없다더냐? 전쟁은 병으로써 판을 막으리라"고 하셨다.

병란(兵亂)과 병란(病亂)이 함께 온다는 말씀이다!

그것을 일러 개벽이라고 한다. 개벽!

그러면 개벽이 언제 오느냐? 바로 상씨름판에 온다. 즉 남북 상씨름판에 매여 있다.

천지의 도

춘생추살

春生秋殺

天地의 道

상제님의 도는 어떻게 굽이쳐 왔나

내적인 도운(道運)도 외적인 세운(世運)과 같이 삼변성도(三變成道)로, 크게 세 번 변해서 매듭이 지어진다. 상제님 도가 세상에 뿌리를 내리고 도성덕립(道成德立)을 이루기까지 크게 세 마디의 역사 과정을 거쳐 나간다는 말이다.

연극으로 말하면 3막 짜리다. 연극이 짧막한 것은 1막에 끝나고, 좀 긴 것은 2막에 끝난다. 상제님 일은 3막으로써 매듭을 짓게 된다는 말이다.

왜 그러냐 하면 "천지지리삼원(天地之理三元)이라", 천지의 이치라 하는 것은 삼수(三數)로써만이 매듭을 짓게 되어져 있기 때문이다. 알기 쉽게 말하면 암컷이 있으면 수컷이 있어야 되고 수컷이 있으면 암컷이 있어야 된다. 암수가 결합하면 거기서 새끼가 생겨나고.

또 하늘이 있으면 땅이 있어야 되고, 하늘땅이 있으면 거기서 만유의 생명이 태어난다. 그렇게 삼(三)이라는 숫자가 절대적인 숫자다. 무엇이고 삼변이라야 매듭이 지어지는 것이다.

그리하여 보천교가 제1변이고, 제2변이 용화동 판이고, 제3변이 지금 증산도다.

이것을 태모님 말씀으로 말을 하자면 이러하다.

상제님이 기유(己酉 : 1909)년 6월 24일에 어천(御天)을 하셨는데, 태모님이 기유, 경술을 지나 3년째 되던 신해년에 상제님 성탄치성을 모시고서, 대흥리 차경석 성도 댁 뜨락에서 잠시 혼도하셨다. 그때 일어나시면서 이종동생인 차경석 성도를 보고 "네가 무슨 생이냐?" 하고 물으신다.

경석이 "경진(庚辰)생입니다" 하고 대답을 하니, "나도 경진생이다. 속담에 동갑장사 이(利) 남는다고 하니 우리 두 사람이 동갑장사 하자" 하시고, "생일은 언제냐?" 고 물으신다.

그러자 경석이 6월 초하루라고 대답하거늘, 태모님이 "내 생일은 삼월 스무엿새라. 나는 낙종(落種)물을 맡으리니 그대는 이종(移種)물을 맡으라. 추수(秋收)할 사람은 다시 있느니라"고 말씀하신다.

3월에 씨나락을 치는데, 태모님은 3월생이니 파종물을 맡고, 차경석 성도에게는 6월생이니 이종물을 맡으라는 것이다. 쌀농사 짓는 데는 물이 있어야 하지 않는가. 물이 있어야 씨나락도 치고 모도 옮겨 심는다.

그러면서 추수할 사람은 따로 있다고 하셨는데, 그 추수라는 게 간단한 문제가 아니다. 못자리에서 뽑아 이종한 모를 성장시켜서 가을철에 추수를 하려면, 성장에서 결실까지 3, 4개월이라는 허구한 시간을 필요로 한다.

상제님 말씀에 "시절화명삼월우(時節花明三月雨)요 풍류주세백년진(風流酒洗百年塵)이라"는 말씀이 있다. '제철 꽃은 삼월 비에 활짝 피었고, 온 세상의 백 년 티끌을 내 무극대도의 풍류와 술로써 씻는다' 는 뜻이다. 이는 상제님께서 천지공사를 행하신 지 백 년이 되면 풍악을 갖추고 흥겨운 노래와 춤과 술로써 그동안의 묵은 기운을 다 씻어낸다는 말씀이다. 추수하기까지 백 년의 세월이 걸린다는 것이다.

추수하는 것은 백 년 후의 일인지라, 태모님이 추수할 사람은 따로 있다고 하신 것이다. 1대(代)가 30년이라면 3대 후의 일이 아닌가.

추수할 사람에 대해 고시(古詩) 한 구절로써 말하면, "송하(松下)에 문동자(問童子)하니" 소나무 밑에서 처사님이 어디를 가셨냐고 동자에게 물으니, "언사채약거(言師採藥去)라" 스승님이 약을 캐러 가셨다고 대답하는구나, "지재차산중(只在此山中)이언만" 다만 이 산 가운데에 있으련만, "운심부지처(雲深不知處)라" 구름이 깊어서 간 곳을 알지 못하겠구나.

추수할 사람이 이 세상에 있으련만, 그 누구인지를 알 수가 없구나!

하늘이 있으면 땅이 있어야 되고,

하늘땅이 있으면 거기서 만유의 생명이 태어난다.

그렇게 삼(三)이라는 숫자가 절대적인 숫자다.

무엇이고 삼변이라야 매듭이 지어지는 것이다.

그리하여 보천교가 제1변이고, 제2변이 용화동 판이고,

제3변이 지금 증산도다.

7백만 명이 뭉치고

『도전』에 나와 있는 것처럼 태모님이 도통을 하시고 나서 제 1변 보천교가 개창되기 시작했다. 여기저기서 신도가 불 일듯 했는데, 주로 전라도와 충청도가 중심이 되었다.

그런데 그때는 아무것도 없을 때다. 그래서 태모님이 차경석 성도 집에 포정소(布政所)를 여셨다.

그렇게 해서, 제1차 세계대전 당시 보천교가 한참 성장을 했다. 그때 보천교 세력이 얼마였느냐 하면 신도 수가 자그마치 7백만이라고 했다. 7백만! 망건(網巾) 쓰고 귀 빼놓을 줄 아는 사람은 다 보천교 신도였다.

그런데 2차 대전이 발발하고 일본인들이 전쟁을 시작하면서 그들이 보천교 해산 명령을 내렸다. 그리고 그 몇 달 전, 병자 (1936)년 윤3월에 보천교 교주 차경석 씨가 작고(作故)를 했다. 교주가 죽고 식민 치하에 해산 명령을 당했으니 교단이 해산될 수밖에 더 있겠는가.

1변 도운은 그렇게 끝을 맺었다.

태모님이 도통을 하시고 나서 제1변 보천교가 개창되기 시작했다.

여기저기서 신도가 불 일듯 했다.

제1차 세계대전 당시 보천교가 한참 성장을 했는데

그때 신도 수가 자그마치 7백만이라고 했다. 7백만!

우주변화원리로 상제님 진리를 체계화하고

나는 2차 대전이 일어났을 때, 일본이 언제쯤 손을 든다 하는 것까지를 다 알고 있었다. 그리고 나이는 어려도 그때 이미, 득의지추(得意之秋)가 되면 반드시 상제님 사업을 하기로 작정을 하고 있었다.

그러다가 내가 스물네 살에 8·15를 맞이하고, 8·15 해방과 더불어 드디어 상제님 사업을 시작했다.

그때는 하지 중장이라는 미국 사람이 군정장관이라 해서 우리나라를 통치할 때다. 당시 우리나라는 연합군 덕에 해방만 되었을 뿐이지 완전히 무정부 상태였다. 그렇게 3년을 보내고 유엔 감시 하에 5·10선거를 하여 국회가 구성되고, 거기에서 이승만이 대통령으로 선출됐다.

그때 우리나라 국시(國是)가 반공이었다. 공산주의와 대결을 하기 때문에 지금까지도 반공이지만, 그때는 더 강력했다. 그 당시에 박헌영이라는 사람이 모스크바 대학을 나와서 남쪽에 남로당을 조직하고 공산주의 활동을 했다. 그래서 경찰들이 사람 몇 명만 모이면 잡아다가 남로당 아니냐고 별의별 조사를 다 하고, 남로당 조직원이라고 죽도록 두드려 팼다. 그때 반공법에 걸려 잡혀가면 그냥 맞아죽는다. 살아 나와 봤자 이미 병신이 돼서 소용이 없다.

그리고 일본이 우리나라를 식민통치할 때 숱한 고문을 행했
는데, 그 중 쇠좆매라는 게 있었다. 점잖든 점잖지 않든, 매 이
름이 그러니 달리 부를 수가 없다. 소 자지 있잖은가. 나는 소
자지를 본 적이 없어서 모르겠는데 아마 한 60센티는 되는가
보다. 그놈을 물에 불려 보들보들하게 만들어서 그걸로 한 대
치면, 살에 착 감겨서 살가죽이 홀딱 벗겨진다. 일본은 물러갔
지만, 그때 경찰서라는 게 내내 일본 경찰의 재판(再版)이었다.

그런 세상에 우리나라 전 국민을 상대해서 나 혼자 포교를
했다. 그때는 오직 나 한사람뿐이었다. 아무리 불러보아도, 아
무리 찾아보아도, 상제님 진리를 아는 사람은 이 하늘 밑에 어
디에도 없었다. 참으로 적막강산이었다. 오직 내 그림자와 같
이할 뿐이었다.

무(無)에서 유(有)를 창조하는 개척자로서 정성을 다 바쳐 상
제님 진리를 세상에 펴는 포교행각에 일로매진을 하건만, 상제
님 천지공사라는 게 순전히 신명공사인지라, 아무리 합리적으
로 설명을 해봤자 신명 이야기일 뿐이었다.

그래서 내가 인류 역사를 통해서 처음으로 우주변화원리를
도표로 그렸다. 그게 내가 스물다섯 살 먹어서 그린 것이다. 충
남 아산군(牙山郡) 배방면(排芳面) 남리(南里)라고 하는 곳에서
부락 청년들을 모아놓고, 우주변화원리 도표를 그려놓고서 포

교를 했다. 그렇게 우주변화원리의 틀, 선후천 생장염장의 틀을 짜놓으니 비로소 상제님의 진리를 체계화하는데 결정적인 계기가 마련이 되었다.

또한 영적인 체험으로 포교를 하기 위해서 일곱 사람씩 조를 짜 가지고 방안에서 면벽단좌(面壁端坐), 얼굴을 벽을 향해 쪽 돌려 앉히고 수련을 시켰다. 일주일을 한도로 해서 시키는데, 빠르면 한 사흘, 오래 걸려도 한 오륙 일이면 누구도 다 광명을 체험하고 개안(開眼)이 되었다. 신안(神眼)이 열렸다는 말이다. 그러면 자기 자신의 영(靈)이 하늘에 올라가 상제님을 뵙기도 하고, 자기 조상님들을 만나기도 했다.

그 당시는 수련 공부에 들어가는 입공(入工) 치성을 모실 때에 절을 올리다가 터져 버리는 사람도 있었고, 혹은 입도(入道) 치성을 모실 때에 첫 절을 올리다가 엎어져서 그냥 터지는 사람도 있었다.

이렇게 해서 제2변 때 30만 신도를 일으켰다.

상제님 천지공사라는 게 순전히 신명공사인지라

아무리 합리적으로 설명을 해봤자

신명 이야기일 뿐이었다.

그래서 내가 인류 역사를 통해서

처음으로 우주변화원리를 도표로 그렸다.

내가 청춘을 다 바쳐 제2변을 일으켰으나, 6·25 동란이 터지고 여러 가지 여건상 계속할 수가 없어서 일단락을 짓고 대휴계기(大休契期)를 선포했다.

그게 상제님 공사 내용이다. 『도전』을 보면 상제님이 천지공사로 인하여 스무날 동안 말도(末島)로 귀양을 가는 구절이 나온다. 그 섬에 집이 두 호쯤 있는데, 상제님이 김광찬 성도를 더불고 그곳으로 공사를 보러 가셨다가 정확히 스무날 만에 나오셨다.

그것이 내게 붙인 20년 귀양살이 도수이자 2변에서 3변으로 넘어가는 마디인 것이다.

그래서 20년 동안, 그저 애들 교육이나 시키면서 "갑을(甲乙)로서 머리를 들 것이요 무기(戊己)로서 굽이를 친다"는 상제님 말씀을 좌우명으로 써 붙여놓고 세월을 낚으면서 때를 기다렸다. 그러다가 드디어 갑인(1974), 을묘(1975)년을 맞이해서 상제님 사업의 포문을 다시 열었다.

말도 전북 군산시 고군산군도(古群山群島)의 서단에 있어 끝섬이라고도 한
다. 상제님께서 이곳에 머무시며 차마 겪기 어려운 고생을 하시며 공사를 보
신 후 정확히 스무날 만에 나오셨다.

상제님 대도문화의 성전(聖典), 『도전』이 출간되다

귀양살이 20년을 마치고 내가 육십을 바라보는 나이에, 스물한 살 된 갑오(甲午)생 자식을 더불고서 제3변의 '증산도'란 간판을 붙였다. 그렇게 시작한 것이 30년이라는 세월이 흘러 지금 내가 팔십 중반이 되었다.

그런데 그 갑오생 스물한 살 자식이, 잠 잘 시간도 없이 청춘도 바치고 전부를 다 바쳐서, 지금은 오십이 넘은 장년으로 증산도 종정의 위치에서, 상제님 대도문화의 성전(聖典)이자 후천 생활문화의 법전(法典)인 『도전(道典)』을 펴내고, 또 최근에 『개벽 실제상황』을 펴내고, 다른 많은 서적도 집필했다. 상제님께서 나에게 그 '갑오생 말(甲午馬)'을 더불고 증산도를 성장시켜 도성덕립(道成德立)을 이루게 하신 것이다.

지금은 사회에서 증산도를 모르는 사람이 없다. 좋은 책도 많이 나오고, 각 대학 교수를 비롯해서 대학원생, 석사, 박사들에게 장려금을 줘서 상제님 진리 연구도 시키고 있다. 또 증산도사상연구소 논문집이 7집까지 나왔다. 그리고 이제 『도전』이 영어, 일본어, 불어, 독일어, 서반아어, 중국어, 러시아어 등 7개 국어로 일차 번역이 되었다. 지금은 국제화, 세계화, 정보화 시대로서, 여러 언어로 번역된 『도전』이 세계의 학계를 비롯하여 각계각층 어디에도 널리 퍼져나갈 것을 확신한다.

『도전』은 새 세상 전 인류의 교과서

상제님이 하늘도 뜯어고치고 땅도 뜯어고쳐서 이 세상 판을 새로 짜신 공사 내용을 그대로 기록해놓은 것이 바로 증산도 『도전』이다.

이 세상 둥글어가는 프로그램, 시간표, 이정표가 상제님의 천지공사 내용에 다 들어 있다. 해서 『도전』만 잘 봐도 세상이 어떻게 둥글어가는지를 다 알 수 있다. 『도전』은 바로 세상 둥글어가는 비결인 것이다!

『도전』속에 과거, 현재, 미래가 다 담겨져 있다. 전 인류가 알고 싶어하는 것들이 『도전』속에 다 들어 있다.

또 상제님의 『도전』은 후천 5만 년 새 세상 전 인류에게 삶의 교과서이다. 정치, 종교, 경제, 문화, 사회 등 각색 부문이 상제님의 하나인 진리권에 다 함축되어 있는데, 그 하나인 진리권, 통일문화, 결실문화가 『도전』속에 똘똘 뭉쳐져 있다.

고서(古書)에 보면, 새 조(鳥) 자, 자주 삭(數) 자, 날 비(飛) 자, '조삭비(鳥數飛)'라는 문구가 있다. 셀 수(數) 자를 자주 삭이라고도 한다.

새라는 놈은 새끼를 낳으면 그 어미가 자꾸 밥을 물어다 주기도 하고, 똥을 받아서 물고 나가기도 하고, 연해 그렇게 반복을 하지 않는가. 그러면 새끼는 새 둥지에 앉아서 털이 나는 대

六 상제님의 도는 어떻게 굽이쳐 왔나

로 나는 연습을 하느라고 자꾸 날개를 친다. 그래서 '조삭비'
하면 '새가 자주 나는 연습을 한다, 새가 자주 난다' 는 뜻이다.
새도 제 둥지에서 자꾸 나는 연습을 해 가지고 잘 날 수 있게 되
는 것이다.

그것과 같이 『도전』을 보면서 자꾸 조삭비를 하다보면, 이회
집중(理會集中)이 되어 이치가 모아진다. 그러면 무슨 우주변화
원리, 천지공사, 가을개벽, 조화선경, 무엇무엇 해서 내 머리
속에서 틀이 다 잡힌다.

그러면 "천지이치가 이렇게 되는구나! 그래서 가을개벽이 오
는구나! 개벽이 오면 상제님의 화권(化權)으로써 사람을 살리
는구나!" 하고 자연히 상제님 진리를 통투(通透), 통하여 꿰뚫
게 되는 것이다.

지금은 하추교역기, 가을개벽기가 돼서, 사실 그대로 말하자
면 우리가 해야 할 일은 사는 것 하나밖에 없다. 개벽철에 살아
남아야 한다는 것, 이게 현재 지구상에 생존하는 모든 중생들
의 일대 명제이다. 그 모든 문제가 『도전』 속에 다 들어 있다.

『도전』속에 과거, 현재, 미래가 다 담겨저 있다.

전 인류가 알고 싶어하는 것들이 『도전』속에 다 들어 있다.

『도전』은 후천 5만 년 새 세상 전 인류에게 삶의 교과서이다.

정치, 종교, 경제, 문화, 사회 등 각색 부문이

상제님의 하나인 진리권에 다 함축되어 있는데,

그 하나인 진리권, 통일문화, 결실문화가

『도전』 속에 똘똘 뭉처저 있다.

1999년 1월 유럽연합의 나라들이 유로(Euro)체제를 출범시켰다. 유로화라는 특정 화폐를 만들어서 공통으로 통용되도록 한 것이다. 그리하여 2002년 1월부터 참여국 12개국 내에서 각 나라의 고유한 화폐 사용을 폐지하고, 유로 지폐와 동전만으로 통용하고 있다.

그걸 역사적인 의미에서 볼 때는 '아, 거기는 편의를 위해서 그렇게 하는가 보다' 라고 생각할 수도 있다. 그러나 증산도의 위치에서 보는 관점은 다르다.

머지않아 상제님 진리로써 도성덕립이 됨과 동시에 세계통일정부가 형성이 된다. 그러면 지역도 하나로 통일이 되고, 화폐도 통일이 되고, 모든 생활제도가 하나로 통합된다. 그런 통일 기운이 조성되기 위해서 현실에서도 유럽연합이 하는 것과 같이 하나로 뭉쳐지는 것이다.

또한 우루과이라운드니, 그린라운드니 하는 체제도 전부 세계가 하나로 통일되려는 기운에 의해 등장한 것이다.

내가 8·15와 더불어 상제님 사업을 시작하면서 "지구촌에 세계 가족을 건설한다" 하는 겁 없는 소리를 했다. 그때 세상에는 참으로 겁 없는 말이었다. 누가 들으면 "저 사람 미쳤어" 했다. 지구촌이라는 말을 알아듣는 사람도 없었다. 그런데 한 20년이 지나니까 재주 많은 신문 기자들로부터 "지구촌에 세계

가족을 건설한다"는 문구가 나왔다.

　이제 도운과 세운의 3변이 마무리 되면서, 세계는 하나의 정부에 의해 상생문화의 통치를 받게 된다. 세계일가(世界一家) 통일정부(統一政府)가 상제님의 하나인 진리권, 통일 진리권에서 이루어진다.

天地萬物生成之宅　上帝行天地公事

日月宇宙用政之翁　小子政大道人事

開先天既盡之數　道政合一之乾坤

開後天無窮之運　造化仙境之日月

桓紀九千二百年
道紀一百三十一年　辛巳五月二十七日辛巳巳時

甑山道宗道師　壬戌生安世燦上梁于子生

천지만물생성지택 일월우주용정지옹
天地萬物生成之宅 日月宇宙用政之翁

천지는 만물을 생성하는 집이요

일월은 우주의 정사를 이루는 조화옹이니라.

상제행천지공사 소자정대도인사
上帝行天地公事 小子政大道人事

상제님은 천지공사를 행하시고

소자는 대도 인사를 다스리매

폐선천기진지수 개후천무궁지운
閉先天旣盡之數 開後天無窮之運

선천의 이미 다한 명수를 닫고

후천의 무궁한 오만년 운수를 여시니

도정합일지건곤 조화선경지일월
道政合一之乾坤 造化仙境之日月

도와 정사를 합일하는 건곤이요

조화선경을 여는 일월이니라.

환기 9200년, 도기 131년 신사(辛巳)년 음력 5월 27일(辛巳) 사(巳)시
증산도 종도사 임술생 안세찬 자좌(子坐)에 상량

증산도교육문화회관 건축 당시
안운산 태상종도사님께서 손수 지으신 상량문(上梁文)

천지의 도

춘생추살

春生秋殺

天地의 道

七.

태을주로 천하사람을 살린다

앞으로 괴병이 온 세상을 엄습해서 인류를 전멸케 한다. 그런데 살 방법이 없다! 살아날 방법을 얻지 못한다는 말이다.

왜냐하면 그것은 춘생추살의 천지이법에 의한 것이기 때문이다. 자연 섭리가 봄에 물건을 내기도 하지만, 가을에는 숙살지기(肅殺之氣)로 만물을 거두어 버린다.

괴병은 바로 이 숙살지기 때문에 오는 것이다. 이 숙살지기는 인간이 어찌해 볼 도리가 없다. 막지도 거부하지도 못하는, 아무런 방법이 없는 대자연의 섭리이다. 누가 어거지로 이 괴병을 만든 것도 아니고, 아니 올 병이 오는 것도 아니다. 우주변화원리에 의해서 가을철의 천지이법이 인간 세상을 심판하는 것이다.

좀 더 구체적으로 말하면 인류 역사를 통해 하늘과 땅 사이에 가득 찬 원한 맺힌 신명들이 가을의 숙살 기운에 합세해서 인간 세상을 심판하는 것이다.

그런데 상제님께서 "앞으로 시두(時痘)가 없다가 때가 되면 대발할 참이니 만일 시두가 대발하거든 병겁이 날 줄 알아라"고 하신 말씀이 있다. 이 시두라는 것은 바로 서신(西神)이다. 서신이란 가을철 의통목에 사람을 잡아가는 주신(主神)이다. 해서 서신 기운이 돌면 시두가 대발하고, 시두가 대발하는 것은 병겁의 전주곡이다. 인간개벽의 전주곡인 것이다.

최근 3, 4년 전부터 사스(SARS) 같은 괴질이 전세계로 퍼져 나가고 있고, 또한 조류독감으로 닭이니 오리니 가금(家禽)류가 수백, 수천만 마리 폐사되는데, 이런 것들도 천지 가을 숙살 지기의 조짐이다.

그러면 병겁이 어떻게 오느냐?

상제님 말씀대로 자다가도 죽고, 먹다가도 죽고, 왕래하다가도 죽어 묶어 낼 자가 없어 쇠스랑으로 찍어내되 신 돌려 신을 정신도 차리지 못한다. 몸 돌이킬 겨를이 없고 홍수 밀리듯 한다. 또 아무리 비위가 좋은 사람이라도 송장 썩는 냄새에 밥 먹기가 어려울 것이다.

얼마나 무서운 말씀인가! 이 이상은 입에다 차마 붙일 수 없는 이야기다. 할 수 없어서 그저 상황만 표현할 뿐이다.

앞으로 개벽이 두 번 있다.

지구가 태양 주위를 도는 공전 궤도를 수정할 때, 지구의 어느 지역은 물속으로 들어가기도 하고, 또 어느 지역은 바다가 육지로 솟기도 할 것이다. 그것은 지축이 정립되는 개벽이다. 그리고 신명들이 천지의 숙살 기운에 합세해서 인간 생명을 거두어 가는데, 이것이 천지에서 사람농사를 지어 사람 씨종자를 추리는 또 하나의 개벽이다.

옛날에도 선지자들이 "백조일손(百祖一孫)이다, 천조일손(千

祖一孫)이다", '할아버지는 백인데 손자는 하나밖에 없다, 할아
버지는 천인데 손자는 하나밖에 없다' 고 했다. 백 집안, 천 집
안 중에 겨우 한 집안이 살아남는다는 말이다. 신명들의 심판
에 의해 척이 없는 혈통의 자손들만 살아남는 것이다.

자연 섭리가 봄에 물건을 내기도 하지만,

가을에는 숙살지기(肅殺之氣)로 만물을 거두어 버린다.

괴병은 바로 이 숙살지기 때문에 오는 것이다.

인류 역사를 통해 하늘과 땅 사이에 가득 찬

원한 맺힌 신명들이 가을의 숙살 기운에 합세해서

인간 세상을 심판하는 것이다.

『도전』에 상제님의 이런 말씀이 있다. "내가 천지공사를 맡아봄으로부터 이 땅에 있는 모든 큰 겁재를 다 물리쳤으나 오직 병겁만은 그대로 두고 너희들에게 의통(醫統)을 전하여 주리라."

상제님께서 모든 겁재를 다 없애버리셨다. 심지어 핵전쟁도 없애셨다. 만약 변산(邊山)과 같은 불덩이가 이 세상에 나타나 구를 것 같으면 온 세계가 초토(焦土), 잿더미가 되므로 불을 묻으셨다. 핵전쟁이 일어나면 너도 죽고 나도 죽고 다 죽는다. 그래서 모든 겁재를 다 없애버리고 오직 병겁만 그대로 남겨두고 의통을 전해준다고 하셨다. 의통이라는 게 사는 법방이다.

천지에서 가을개벽의 숙살지기로 다 죽여서 심판을 하지만, 사람을 살려야 되기 때문에 상제님께서 하나님의 화권으로써, 살아남을 수 있는 사람을 살려서 다음 세상을 건설할 수 있는 장치를 만드셨다. 그것이 바로 의통이다! 이 의통을 전해 주시기 위해 상제님이 이 세상에 오신 것이다.

의통(醫統)이란 의원 의(醫) 자, 거느릴 통(統) 자다. 의원 의 자는 살릴 의 자다. 의사란 살리는 일을 하는 사람이 아닌가. 곧 의통이란 '살려서 통일한다' 는 뜻이다.

상제님께서 말씀하시기를 "병겁이 들어올 때에는 전 인류가 진멸지경에 이르거늘 이때에 무엇으로써 살아남기를 바라겠느냐. 오직 성경신(誠敬信)으로 의통을 알아 두라"고 하셨다.

선천 봄여름 세상과 앞으로 다가오는 가을세상은 별개의 세상이다. 접속은 되어 있는데, 사실은 서로 끊어져 있다. 춘하추동 사시라는 게 생장염장으로 서로 접속되어 있는 것이지, 끊어진다는 건 말이 안 되지 않는가. 그러나 선천과 후천 가운데에 개벽이 있다, 개벽이!

그러면 그 개벽을 어떻게 극복하느냐? 선천과 후천을 어떻게 접속하느냐?

그건 상제님의 의통으로써만 되는 일이다. 이번에는 하늘을 쓰고 도리질을 하는 사람이라도 의통의 영향권에서만 후천세상을 살아 넘어간다. 대통령을 지냈건, 천하를 다 차지한 자건 간에 그 누구도 상제님의 의통이라는 영향권에 들어와야 한다는 말이다.

세상만사가 생연후사(生然後事), 살고 난 다음 이야기다. 부(富)도, 귀(貴)도 살고 난 다음 이야기가 될 것이다. "일사(一死)면 도무사(都無事)라", 사람이 한 번 죽으면 아무것도 없다.

하루는 상제님께서 벽을 향하여 돌아누워 계시더니, "아무리 하여도 전부 다 건져 살리기는 어려우니 어찌 원통하지 않으리오" 하시고 흐느껴 우셨다. 이번에는 아무런 방법이 없고 다만 의통으로써만이 살아남을 수 있는 것이다.

그런데 천지에서 죽이는 때를 당해서 상제님의 화권으로 살려 놓으면, 상제님의 진리로 모든 것이 하나로 통일되어진다. 정치, 종교, 경제, 사회, 문화 등 그 모든 각색 부문이 상제님의 하나인 진리권, 상생의 문화권에 수용을 당해서 자연적으로 통일된다는 말이다.

개벽을 어떻게 극복하느냐?

선천과 후천을 어떻게 접속하느냐?

그건 상제님의 의통으로써만 되는 일이다.

이 의통을 전해 주시기 위해

상제님이 이 세상에 오신 것이다.

의통(醫統)이란 '살러서 통일한다' 는 뜻이다.

이번에는 하늘을 쓰고 도리질을 하는 사람이라도

의통의 영향권에서만 후천세상을 살아 넘어간다.

상제님께서 세운(世運)과 도운(道運)으로 대분해서 9년 동안 천지공사를 행하셨는데 그 총 결론이 의통이다. 결론적으로 상제님은 사람 씨알을 건지기 위해, 사람을 살리기 위해 천지공사를 보신 것이다.

상제님께서 "세상에 있는 모든 병을 내가 다 대속(代贖)하였으나 오직 괴병은 그대로 남겨 두고 너희들에게 의통을 전하여 주리라"고 말씀하시며 천지공사의 결론을 내리셨다. 상제님은 9년 공사로 세상 둥글어가는 틀을 다 짜 놓으시고, 그 총 결론으로 의통을 전해주신 것이다.

도운과 세운을 하나로 묶기는 참 어려운 일이다. 해서 상제님이, 9년 공사의 마지막에 가서 의통으로써 매듭을 지으셨다.

예수의 12사도 중에 사도 요한이라는 사람이 있었다. 사도 요한을 로마에서 잡아다가, 죽이려고 끓는 기름 가마에 넣었는데, 아니 죽거든. 안 죽는데 어떻게 하는 수가 있나? 해서 밧모(Patmos) 섬이란 곳으로 귀양을 보냈다.

그런데 그가 거기 가서 밥 먹고 나면 기도만 해서 하나님에게서 어떤 계시를 받았다. 기독교 『신약성서』라고 있잖은가. 거기 보면 「요한 계시록」이라고 있다. 거기에 이런 말이 있다.

'해 돋는 곳으로부터 천사들이 올라와서 하나님의 명을 받아 사람 이마에 인(印)을 쳐서 사람을 살리는데, 산 사람을 세어 보니 한

지파에 1만2천 명씩 열두 지파에 14만4천 명이 살았더라.'

가을 개벽철에 참하나님이신 상제님의 의통으로써 사람 살리는 것을, 사도 요한이 보고서 사실을 그려놓은 것이다. '해 돋는 곳' 이란 동방의 우리나라를 말한다. 그가 상제님의 일꾼들이 해인(海印)을 가지고 '의통 집행하는 것' 을 보고 그대로 표현한 것이다.

상제님께서 "천하창생의 생사가 다만 너희들 손에 매여 있다"라고 하셨다. 천하창생이라면 이 지구상의 65억 인구를 지칭하신 것이다. '65억의 죽고 사는 문제가 아무 방법이 없고 다만 나를 믿는 너희들 손에 매여 있다! 많이 죽고 많이 살리는 것은 다만 너희들 손에 매여 있다!' 는 말씀이다. 상제님이 이렇게 끊어질 절(絕) 자, 부르짖을 규(叫) 자, 절규(絕叫)를 하셨다.

이 현실을 사는 전 인류를 죽이고 살리는 것이 상제님을 신앙하는 일꾼들의 손에 달려 있는 것이다.

그러면 의통은 과연 무엇인가?

알아듣기 쉽게 비유해서 의통은 마패와 같은 것이다.

마패는 또 어떤 것인가?

인간세상의 통치자인 임금이 '어떻게 치정(治政)을 하면 백성들이 편안하게 잘살 수 있을까?' 하고 생각을 갈고 닦고 해서 내린 결론이 바로 암행어사제(暗行御使制)이다.

어두울 암(暗) 자, 다닐 행(行) 자, 암행이란 가만히 숨어서 다니는 것, 자기 위치와 직분을 숨기고 걸인과 행려객 행세를 하며 다니는 것을 말한다. 어사(御使), 어거할 어(御) 자는 상감님 어 자다. 어사는 상감님이 부리는 상감님의 사자란 말이다. 상감님의 몸을 대신하는 상감님의 대행자다.

상제님 성구로 '어(御)' 자를 다시 한 번 풀이해 주겠다.

어느 해 겨울 상제님이 전라북도 함열 땅에서 구릿골을 가려고 하시는데, 얼어붙었던 길이 녹아서 행보가 어렵게 생겼다. 도로 포장이 안 됐던 옛날에는 얼었다 녹은 차진 흙이 짚신에 들러붙어서 행보가 어렵기 때문에, 먼 길을 가려면 버선을 벗고 대신 감발이란 것을 했다. 감발이란 길다란 천으로 발가락부터 발목까지 전부 감아서 발을 싸매는 것을 말한다.

또 그때 신이란 게 짚신밖에 더 있는가? 그런데 짚신을 신고 다니면 잘 벗어지니까, 신들메를 한다. 신들메란 끈으로 짚신을 발목에 붙들어 맨다는 말이다. 겨울철에는 신들메를 하고 출행하는 것이 일반 서민의 풍속도였다.

성도들이 길이 녹아서 행보할 수 없음을 말씀드리니 상제님께서 종이에다 "칙령치도신장(勅令治道神將) 어재함라산하(御在咸羅山下) 이어우전주동곡(移御于全州銅谷)"이라고 쓰셨다.

칙령(勅令)이라는 것은 상감님이 신하와 백성들에게 내리는 명령을 말한다. 상제님은 우주의 주재자로서 천지신명들의 통치자이시니, 우주의 상감님이신 것이다. 그러므로 치도사령(治道使令), 길을 다스리는 신명들에게 칙령을 내리신 것이다. 그리고 '어재함라산하'라, 상감님 어(御) 자, 있을 재(在) 자, 다 함(咸) 자, 벌 라(羅) 자, 뫼 산(山) 자. 어는 하나님이니, 하나님이 함라산 밑에 계신다는 말씀이다. 또 '이어우전주동곡', 옮길 이(移) 자, 상감님 어(御) 자, 어조사 우(于) 자. 하나님이 전주 구릿골(동곡)로 옮겨 간다는 뜻이다.

상제님이 그걸 써서 불사르시니 순식간에 길이 다 얼어붙는다. 아니, 상감님 명령인데 잘못하다가는 치도사령이 불칼을 맞지 않겠는가. 해서 버선발로 걸어가도 흙 한 점 안 묻도록, 순식간에 길이 얼어버린 것이다. 상제님이 전주 동곡에 도착하시고 나니, 그제서야 길이 다 녹아 풀어졌다.

어(御) 자는 그런 상감님 어 자다.

그런데 상감님이 암행어사한테 대권의 증표로 마패(馬牌)라는 걸 하사한다. 마패는 나무판에다 새기면 깨지기도 하고 틀어질 수도 있기 때문에 구리 같은 쇠판에다 말을 새겨 넣은 것이다. 말을 한 마리 새긴 것, 두 마리 새긴 것, 세 마리 새긴 것이 있는데, 그 말 새긴 수에 따라서 권한이 주어진다. 한 도(道)를 통치할 수도 있고, 두 도를 통치할 수도 있고, 세 도를 통치할 수도 있다.

그런데 우리나라 제도에 역(驛)이란 게 있었다. 서울역이니, 대전역이니, 부산역이니 하는 역말 역(驛) 자다.

지방에서 무슨 급한 일이 생기면, 한양의 조정으로 그걸 보고할 수 있는 방법으로 제일 빠른 게 봉화(烽火)였다. 봉홧불을 한 번 들면 무엇을 의미하고, 두 번 들면 무엇을 의미하고, 세 번을 들면 무엇을 의미한다는 암호가 다 정해져 있다. 지방의 봉화대에서 봉화를 들면 3분에서 5분이면 전국에 다 전달이 된다. 헌데 그것만 가지고는 자세한 내용을 전달할 수가 없기 때문에 말이 한바탕 뛸 수 있는 거리에 역촌(驛村)을 하나씩 설치했다. 부산에 일본군이 쳐들어 왔다고 하면, 전령(傳令)이 자세한 내용을 적은 문서를 가지고 역마를 타고 한양으로 달려가는데, 말이 어느 정도까지 가면 지쳐서 더 이상 뛰지를 못한다. 그러면 다음 역촌에서 전령도 다른 사람으로 바꾸고, 말도 다른 말로 바꾸고, 그렇게 되풀이해서 빠른 시간 내에 한양에 그 문서를 전하게끔 제도적으로 정해져 있었다.

그것을 위해서 역촌을 설치했는데, 또한 역촌은 암행어사가 어명을 집행할 때에 역졸들을 소집해서 어사출두를 하기 위한 기구이기도 하였다.

암행어사는 마패를 비장(秘藏)하고, 몸에다 감추고, 폐의파립(弊衣破笠)하고, 쭈그러진 갓에 해진 옷을 입고, 주막에 가서 술 한 잔 사먹으면서 술꾼들이 말하는 세상 소문을 듣기도 하고, 어떤 집에 들어가 하루저녁 얻어 자면서 머슴들의 이야기도 들어보고, 동네 농사꾼들의 이야기도 들어보고, 또한 양반들의 이야기도 들어보면서 민정(民情)을 두루두루 살핀다.

그러다가 사회 기강을 파괴하고 정의에 어긋난, 다시 말해서 난륜패상(亂倫悖上), 인륜을 문란케 하고 윗사람을 거스른 자를 사회 속에 그냥 방치해서는 안 되겠다 할 때, 역촌에 가서 역졸에게 마패를 보여 어사임을 확인시켜 주고 아무 날 아무 시에 아무 장소에서 어사출두를 하니 분부를 받들 것을 명령한다. 그러면 조금도 차질이 없이 그 정해진 시각과 장소에 정해진 인원 그대로 역졸들이 모인다.

그 역졸들이 "암행어사 출두요!" 하고 외치면 그 한마디에 산천초목이 벌벌 떤다. 어사가 출두함과 동시에 "어명이다!"

하면, 상감님의 형제라도 액면 그대로 받아들이는 수밖에 없다. 만일 반항심을 가지고 쳐다라도 보면 역률(逆律)로 몰려서 자기 친족, 처족, 외족까지 삼족(三族)이 멸망을 당하게 된다. 영의정이라도 어사가 출두하는 경우에는 꼼짝을 못한다. 그 자리에서 삭탈관직(削奪官職), 벼슬을 빼앗김은 물론이요 입고 있던 관복과 쓰고 있던 관까지 그 자리에서 다 벗겨지고, 그 시간으로 죄인이 되어 옥에 갇혀 버리게 된다.

그러니 암행어사라는 게 얼마나 무서운가.

의통이라는 것은 바로 암행어사가 상감님의 어명을 집행하는 마패와 같은 것이다. 의통은 우주의 통치자이신 상제님의 어명을 집행하는 화권의 증표이다.

의통은 과연 무엇인가?

알아듣기 쉽게 비유해서 의통은 암행어사의 마패와 같은 것이다.

의통은 우주의 통치자이신

상제님의 어명을 집행하는 화권의 증표이다.

그 의통의 주된 바탕이 태을주(太乙呪)다.

마지막 제3변의 가을 개벽철에는

태을주를 바탕으로 한 의통으로써 사람을 살리게 되어저 있다.

그러면 의통의 내용이 어떻게 되어져 있느냐?

의통의 주된 바탕이 태을주(太乙呪)다.

마지막 제3변의 가을 개벽철에는 태을주를 바탕으로 한 의통으로써 사람을 살리게 되어져 있다. 의통목을 거쳐 태을주로써 세상 사람을 구제하여 개벽을 매듭짓는다. 그리고 후천 5만 년 동안 집집마다 태을주를 읽는다. 그래서 상제님도 '태을주는 개벽기에 쓸 주문'이라고 하신 것이다.

이번에는 춘생추살의 자연 섭리가 모든 생명을 전부 다 죽이는 때다. 그런데 상제님이 태을주를 바탕으로 한 의통을 전해주셨다. 지구상에 사는 65억 전 인류가 한 사람도 남지 않고 다 죽는 것을 태을주를 읽어서 살 수 있게 하신 것이다.

太乙呪

吽哆 흠치
太乙天 태을천
上元君 상원군
吽哩哆唧都來 흠리치야도래
吽哩喊哩婆婆訶 흠리함리사파하
吽哆 흠치
吽哆 흠치

그러면 태을주 주문의 뜻은 무엇이냐?

우선 훔(吽) 자는 '소울음' 훔 자다.

소가 울려면 '훔~' 하지 않는가. 소울음 훔 소리는 우주의 근원, 우주의 뿌리를 상징하는 소리다. 훔하고 소리를 내면 그 훔 소리 속에 만유의 진리가 다 들어 있다. 그래서 이 훔을 씨앗이라고도 한다. 핵이라는 말이다. 그것을 더 알기 쉽게 표현하면, 콩알을 물에다 불려서 두 쪽으로 쪼개 보면, 그 한가운데에 새 을(乙) 자로 된 것이 있다. 거기서 싹이 나오는데, 싹을 틔워내는 그것을 핵이라고 한다. 씨앗! 핵! 그것이 바로 훔의 뜻이다. 다시 말해서 훔은 생명의 모태이다.

그리고 치(哆) 자는 '소울음' 치, '입 크게 벌릴' 치 자다. 치는 '꼭 그렇게 되도록 크게 정해진다'는 뜻이다.

속담에 이런 말이 있다. "갱무(更無)꼼짝이라", 다시 갱(更) 자, 없을 무(無) 자에다가 꼼짝이라는 우리말이 붙었다. 다시 꼼짝할 수가 없다, 아주 요지부동이라는 말이다. 어떻게 방향을 틀지도 못하고, 0.1밀리도 앞으로 나가지도 뒤로 물러나지도 못하고, 좌로도 우로도 가지 못하고, 그저 원형 그대로란 말이다.

치(哆)라는 것은 그렇게 '크게 정해진다', 다시 말하면 '우주의 근원과 하나가 된다'는 뜻이다. 훔이라는 우주 상징의 소리가 치와 붙음으로써, 다시 더 어떻게 바꾸거나 틀어버릴 수 없도록 만들어 버리는 것이다. 그걸 근래 말로 코팅한다고 할까, 꽉 붙들어 맨다고 할까? 원형 그대로 꼼짝 못하게 붙잡아 매서, 그렇게 하나가 되게 하는 것이다.

그리고 '태을천 상원군'은 인류생명의 뿌리요, 인류역사의 뿌리다. 인간 세상이 창조된 이래 인간 생명의 원 원조가 태을 천 상원군이다. 또한 태을천 상원군은 도통 문화의 뿌리, 도의 근원, 도통하는 도신(道神)의 뿌리다.

상원군님은 이 대우주 천체권 내에서 가장 지고지존(至高至 尊)한 분이다. 상원군님이 계신 세계를 궁(宮) 자를 붙여서 태을 궁(太乙宮)이라고 해도 된다. 어머니가 태아를 포태하는 데를 자궁(子宮)이라고 한다. 자식을 낳는 궁, 사람 낳는 집이라는 뜻 이다. 태을궁은 그런 자궁, 만유를 낳는 자궁(子宮)도 되고, 또 스스로 자(自) 자를 써서 '자궁(自宮)', '태을궁으로부터'라는 뜻도 된다.

또 태을궁은 콩 태(太) 자, 해 세(歲) 자, 태세(太歲)도 된다. 태 세는 껍데기다. 집이라는 말이다. 사과도 껍데기가 있고, 배도 껍데기가 있다. 무슨 씨앗이고 그 껍데기를 태세라고 한다. 태 을궁은 바로 전 인류가 태어난 태세, 집도 되는 것이다.

인간 생명은 이 태을궁을 연유해서 생명을 받아 나왔기 때문 에, 개벽하는 이 시대를 사는 사람은 남녀노유, 어떠한 이색인

종이라도 태을궁을 벗어나서는 살 수가 없다. 태을궁의 상원군님을 바탕으로 해야만 살아남을 수 있는 것이다.

다시 얘기하면 태을궁은 생명의 뿌리요, 도의 근원이요, 모든 가지가 생성(生成)되는, 다시 말해 생겨나서 매듭짓는 틀, 바탕이 되는 곳이다. 옛날사람들 서적을 보면 "태을(太乙)은 구고천존(救苦天尊)이다" 라는 말이 있다. '아주 고생스럽고 괴로운 것을 구원해 주시는 천존이시다' 라는 뜻이다. 태을궁은 그렇게 인간 생명체의 모든 문제를 해결해주는 곳이다.

그리고 '함리(喊哩) 사파하(娑婆訶)' 를 봐라.

거기서 함(喊)은 입 구(口) 옆에다 다 함(咸) 자를 쓴 것이다. 우리나라 함경도라고 하는 그 함 자다. 이 함은 '꼭 그렇게 해 달라' 는 뜻이다. 큰 소리로 꼭 그렇게 되게, 틀림없이 그대로 되게 해 달라고 하는 것이다.

'훔치훔치 태을천 상원군 훔리치야도래 훔리함리' 는 '태을천 상원군님이시여, 위의 뜻이 꼭 그대로 이루어지이다' 라는 뜻이다.

'사파하' 는 기독교에서 흔히 쓰는 술어로 '아멘' 과 같다.

이 태을주를 지극 정성으로 믿고 읽으면서 상원군님을 찾으면 만 가지 소원이 다 성취된다. 아픈 사람은 병이 고쳐지고, 하고 싶은 일도 뜻대로 다 이루어진다.

태을궁은 생명의 뿌리요, 도의 근원이요,

모든 가지가 생겨나서 매듭짓는 틀 바탕이 되는 곳이다.

태을주를 지극 정성으로

믿고 읽으면서 상원군님을 찾으면

만 가지 소원이 다 성취된다.

지금은 개벽하는 때가 돼서, 이 시대를 사는 65억 전 인류는 누구라도 다 태을주 영향권 속에 들어와야 산다.

현실을 사는 전 인류에게 태을주는 산소와도 같다. 흑인종이나 백인종, 황인종 할 것 없이 모두 산소를 호흡해야 살 수 있듯이, 현세를 사는 사람으로서는 태을주를 읽어야만 생명을 도모할 수 있는 것이다.

그건 어느 민족이든 마찬가지다. 일본인들이 '훔치' 소리를 못해서 '후무치후무치' 한다 해도, 하다못해 '후무치' 라도 찾아야 산다. 그렇다고 '훔치훔치' 를 자기네 말로 번역해서 읽으면 아니 된다.

해서 나는 태을주를 이름 붙여서 '생명의 주문' 이라고 부르고 싶다. 사실이 태을주는 생명의 주문이다. 태을주를 읽어야 내가 살고, 또한 시조 할아버지서부터 모든 조상신들도 다 살릴 수 있다. 또 내 자손도 백 대, 천 대 계계승승해서 번창할 수 있다.

바로 태을주는 생명의 뿌리인 것이다. 참으로 위대한지고!

지금은 개벽하는 때가 돼서, 천도(天道)도 그렇고 모든 것이 원시로 반본하는 때다. 사람 생명체도 마찬가지다. 사람도 자기 조상, 자기 뿌리를 되찾아야 하는 때란 말이다.

그런데 태을주를 읽게 되면, 그것이 바로 원시(原始)로 반본

240

(返本)하는 길이 된다. 그래서 반드시 태을주를 읽어야 하는 것이다. 한마디로 상제님 진리는 바로 뿌리를 되찾는 진리다. 쉽게 말해서 뿌리 장사! 물론 태을주가 꼭 그것만 주도하는 것은 아니지만, 태을주는 원시로 반본하여 제 뿌리, 제 바탕, 제 틀을 찾는 주문이다.

또 지금은 모든 신명들도 태을주를 근거로 해서 활동하고 있다. 사람이 태을주를 읽으면 신명들이 좋아한다. 그 주문 읽는 기운에 신명들이 응감을 한다. 또한 태을주를 읽음으로써 신도의 기운이 귀정(歸正), 바르게 돌아간다.

상제님의 9년 천지공사는 한마디로, 태을주로 시작해서 태을주로 마무리짓는 내용 이념을 담고 있다. 무슨 말이냐 하면, 상제님이 어천하신 후에 '태을주로 사람 살리는 것'으로 시작을 해서, 앞으로 의통목에도 '태을주로 사람 살리는 것'으로 마무리를 짓는다는 말이다.

기유(1909)년 음력 6월 24일 참하나님이신 상제님이 별안간 어천하신 후, 김경학 성도가 크게 실망을 해서 사방으로 경황 없이 헤매다가 집으로 돌아와 보니, 어머니가 돌아가셔서 방안에 시신으로 모셔져 있었다. 어머니 상을 당한 김경학 성도가 얼마나 기막히고 원통했던지 대성통곡을 하다가, 상제님께서 '태을주를 읽으면 죽은 사람도 살릴 수 있다'고 하신 말씀이 문득 생각이 났다. 그래서 지극 정성으로 청수를 모시고 태을주를 읽어 드렸더니, 죽은 어머니가 살아나셨다. 참 얼마나 큰 기적인가!

그때부터 김경학 성도는 태을주를 읽으면 죽은 사람도 살아남을 알고, 어디 환자가 있다고 하면 쫓아가서 태을주를 읽어 살려 주었다. 그 인근에 류의경(柳義卿)이라는 사람이 장질부사에 걸려서 사경을 헤매고 있었다. 김경학 성도가 그 소식을 듣고, 자기 죽은 어머니도 살아나셨는데 장질부사쯤이야 하고 가서, 청수를 모시고 지극 정성으로 태을주를 읽어 주었다. 그랬

242

더니 깨끗이 나았다. 그러고서 김경학 성도가 류의경을 더불고 구릿골 약방엘 갔다. 상제님은 이미 어천하신 뒤가 아닌가. 약방 빈 방에 가서 가만히 사방을 살펴보니, 벽에 종이를 바른 위에 열 십(十) 자 칼자국이 있었다.

그런데 그 열 십 자 교차점에 종이 끝이 살짝 들려져 있었다. 그래서 그 들려진 네 귀를 떼고서 보니, "봉명개훈(奉命開訓)"이라는 네 글자가 쓰여져 있었다. 받들 봉(奉) 자, 목숨 명(命) 자, 열 개(開) 자, 가르칠 훈(訓) 자, '명을 받들어서 가르침을 열라'는 말씀이다. 상제님 진리를 여는 봉명개훈은 태을주를 가르침으로써 시작이 된 것이다.

이렇게 1변 때 태을주로 사람 살리는 것으로 시작해서, 상제님께서 "장차 천지에서 십 리에 한 사람 볼 듯 말 듯하게 다 죽일 때에도 씨종자는 있어야 하지 않겠느냐" 하신 바로 그 씨종자 추리는 개벽철에도 태을주로써 살리게 된다. 최수운이 말한 "아동방 3년 괴질 운수", 그 괴질 운수를 태을주로써 매듭지어 새 세상을 맞이하게 된다.

하루는 상제님이 태을주를 써 놓으시고 성도들에게 "이 형상이 무엇 같으냐?" 하고 물으시니, 한 성도가 "밥숟가락 같습니다" 한다.

어린애들 돌잔치 할 때 은봉 숟가락을 축하의 선물로 주는

데, 은봉 숟가락은 은으로 된 숟가락의 손잡이 끝 부분에 남색
이니 붉은색이니 색깔을 넣어 무늬를 새겨 넣은 것이다.

상제님이 종이에 태을주를 써 놓으신 것이 마치 손잡이에 글
자 무늬를 새겨 넣은 은봉 숟가락 같다는 것이다.

밥은 숟가락으로 먹는 것이다. 그래서 상제님이 태을주를 녹
표(祿票)라고 하셨다. 태을주를 녹표라고 지칭하는 것은, 태을
주에 녹줄이 붙어 있다는 말이다.

상제님의 9년 천지공사는 한마디로,

태을주로 시작해서 태을주로 마무리짓는 내용 이념을 담고 있다.

무슨 말이냐 하면, 상제님이 어천하신 후에

'태을주로 사람 살리는 것' 으로 시작을 해서,

앞으로 의통목에도 '태을주로 사람 살리는 것' 으로

마무리를 짓는다는 말이다.

상제님께서 태을주를 "만사무기(萬事無忌) 태을주, 소원성취(所願成就) 태을주, 포덕천하(布德天下) 태을주, 만병통치(萬病通治) 태을주, 광제창생(廣濟蒼生) 태을주, 만사여의(萬事如意) 태을주, 무궁무궁(無窮無窮) 태을주"라고 하셨다.

그러니 태을주로써 아니 되는 것이 없다. 말 그대로 만사여의 태을주이다. 광제창생도 되고, 포덕천하도 되고, 태을주를 읽으면 만사가 아니 되는 것이 없으니 무궁무궁한 태을주가 아닌가.

만병통치 태을주

내가 한평생 태을주 사업만 한 사람이다. 오직 외길 인생이란 말이다. 그동안 태을주를 읽어서 문둥병도 고치고, 골수염 같은 것도 고치고, 폐병 같은 것도 고쳐 봤다. 하여튼 이 세상의 병들을 다 열거할 수는 없지만 태을주를 읽어서 못 고쳐 본 병이 별로 없다.

예전에 어느 한 신도가 골수염 환자였다. 발등에서부터 무릎까지 뼛속 골수가 썩어 나오는 병이었다. 큰 뼈 속에서 골수가 썩어 나오니 어땠겠는가. 송장 썩는 냄새는 유(類)도 아니다. 그 냄새 때문에 골수염 앓는 사람 옆에는 가지도 못한다.

그런 그가 태을주를 읽고서 그 병이 다 나았다. 그런데 병만

고치고는 신앙을 그만둬 버렸다. 나야 뻔히 다 아니까 '다시 재발할거다' 라고 생각했다. 아니나다를까 얼마 후에 그 어머니가 내게 찾아와서 "아이구, 선생님. 우리 아들이 재발했습니다. 살려 주십시오!" 한다. 그래서 "고치고 못 고치는 것은 본인의 정성에 달려 있다"고 하였더니 살기 위해서는 태을주를 읽는 방법밖에 없었던가 보다. 그 후에 그가 다시 태을주를 잘 읽어서 병을 완전히 고치고, 신앙도 잘하고 있다.

하나 더 이야기하면, 제2변 때 일이다. 문둥병 환자가 태을주를 읽어서 병을 고쳤다는 것이다. 그 내용인즉 문둥병 환자가 지극 정성으로 태을주 수행을 하였는데, 하루는 몸에서 열불이 난다고 겨울철 꽁꽁 언 방죽에 가서 얼음을 깨고 목욕을 하더란다. 그랬더니 몸에 붙어 있던 만신창이가 훨훨 다 떨어져 버리고 정상인이 되었다는 것이다.

사고와 재앙을 막아주는 태을주

태을주를 잘 읽으면, 모든 사기(邪氣)가 침범하질 못한다. 생명을 위협받을 정도로 위험한 곳도 용하게 피해 다니게 된다.

이 사고 많은 세상에 상제님을 잘 신앙하는 사람은 차사고 나는 사람도 없다. 또 차사고가 난다 해도 죽지도 다치지도 않는다. 차가 폐차지경이 되면 틀림없이 죽는 것 아닌가. 그런데 찌그러진 차를 톱으로 자르고 어떻게 해서 사람을 끄집어내서 보면, 무엇이 몸뚱이를 옹호했는지 어쨌는지, 머리털 하나도 안 빠졌다. 피부에 흠도 하나 없다.

군산의 어떤 신도 외아들이 전주 군산 간에 사고 많기로 이름난 도로에서 밤에 길을 건너다가 달려오던 차에 치였다고 한다. 차는 사람을 치고 중앙선을 넘어 가로수를 들이받고 다 부서졌는데 그 아들은 어디 다친 곳이 없더란다. 멍든 곳 하나 없이 멀쩡하게 말이다.

태을주를 잘 읽으면 천지신명들이 그 사람을 옹호를 해준다. 태을주는 바로 내 생명을 지켜주는 보호막인 것이다.

태을주를 읽으면 보호신이 붙는다

몸을 깨끗이 하고 청수(淸水)를 모시고서 매일 한 시간이고 두 시간이고 앉아서 주문을 읽을 것 같으면, 자연히 피로회복도 되고 체질도 변화된다. 수도하는 건 잠자는 것과 같다. 잠을 자지 않아도 앉아서 주문만 읽으면 저절로 피로회복이 된다.

그리고 매일 태을주를 바탕으로 주문을 읽다 보면 신명의 보호도 받게 된다. 오늘도 수도하고, 내일도 하고, 한 달 후에도 하고, 반 년 후에도 하고 그렇게 지속적으로 꾸준히 수도를 하다보면 보호신이 붙는다.

비몽사몽(非夢似夢)간에, 꿈같으면서도 꿈이 아닌 상태에서 인간 세상에서는 볼 수 없는 아주 잘 생기고 원만하고 풍후하게 생긴 장군을 보는데, 갑옷 입고 투구 쓴 신장(神將)이 내가 사는 집 주위를 맴돌기도 하고 방안에 들어오기도 한다.

수도를 꾸준히 하면 그렇게 기운이 응기되는 것을 보게 된다. 그건 참 상서로운 기운이다. 그런데 그렇게 보호신이 붙는 시기는 그 사람이 닦은 근기(根氣)와 정성에 따라 다 다르다.

태을주의 기적과 권능은 필설(筆舌)로는 다 표현할 수가 없다.

한마디로 묶어서(一言而結之), 태을주 수도를 많이 하다 보면 종국적으로

"여천지(與天地)로 합기덕(合其德)하고

여일월(與日月)로 합기명(合其明)하고

여사시(與四時)로 합기서(合其序)하고

여귀신(與鬼神)으로 합기길흉(合其吉凶)하여

상통천문(上通天文)하고

하찰지리(下察地理)하고

중통인의(中通人義)하여

상투천계(上透天界)하고 하철지부(下徹地府)하리라.

천지와 더불어 덕을 같이하고,

일월과 더불어 그 밝음을 같이하고,

사시와 더불어 그 질서를 같이하고,

귀신과 더불어 좋고 그른 것을 같이하여,

천리를 통하고, 지리를 통하고, 인사를 통해서

세상만사에 환하게 통하여,

위로는 하늘 경계를 뚫어보고,

아래로는 땅 밑바닥까지 꿰뚫어 보게 된다."

다시 말해서 태을주 수행을 하면 원시로 반본하여 자연 섭리

와 합치가 되는 것이다.

나는 입만 열면 태을주 타령이다. 왜 그러냐 하면 태을주는 앞 세상 전 인류에게 제1의 생명이기 때문이다. 태을주는 전 인류에게 제1의 생명이요, 각 개인의 생명은 제2의 생명이다. 이번 개벽 때에는 동양 사람이건, 서양 사람이건, 악자건, 선자건, 남녀노유를 막론하고 누구도 태을주를 읽지 않으면 죽는 수밖에 없다.

그런데 그동안에는 내가 "태을주를 읽지 않으면 죽는다"는 말을 하기가 안 돼서, 그냥 "몸에서 태을주 냄새가 나도록 읽어야 한다"고 말하였을 뿐이다. 또 내가 가끔 이런 말을 했다. "태을주를 숨 쉬듯 읽어라, 호흡하듯 태을주를 읽어라."

태을주를 많이 읽어 태을주의 혼이 되면 세상만사 소원성취를 한다. 태을주는 원하는 대로 다 이루어주는 천지의 조화 주문이다.

어떠한 문화권을 신앙하든지 간에, 수련이란 자기가 자기 심법(心法)을 연마하는 것이다.

상제님의 공사 내용을 보면 이런 게 있다. 어떤 한 노처녀가 도통을 하고 싶어서 수도하는 이웃사람을 찾아갔는데, 마침 그 부부가 싸움을 하고 있었다. 그들에게 주문이 뭐냐고 물으니, 그 노부부가 귀찮아서 "아무것도 싫다"고 대답한다. 그 소리를 듣고 그 처녀는 맨날 "아무것도 싫다, 아무것도 싫다" 하고 일심으로 외우고 다녔다.

아, 그러니 식구들이 오죽이나 싫어했겠나.

하루는 처녀가 물동이를 이고 오는데, 그 아버지가 밉다고 도리깨로 물동이를 후려쳐 버렸다. 그 바람에 돌 위로 넘어졌는데, 동이도 성하고 물도 쏟아지지 않았다.

한마디로 말해서, 이게 다 일심(一心)을 강조하신 것이다.

또 참선이라 하든, 수도라 하든, 수련이라고 하든, 뭐라고 명명하든지 간에 그것도 다 일심을 강조하는 것이다. 오직 일심으로써만이 참의 경지에 들어갈 수 있다.

앉아서 한 마음 한 뜻으로 일심 정성을 갖고 주문을 읽다 보면 저도 모르게 모든 걸 다 잊어버리게 된다. 옛날 사람들은 그걸 망형망재(忘形忘在)라고 표현했다. 형체도 잊어버리고 자기 존재도 잊어버리는 걸 말한다. 이 세상에 내 육신이 있는지 없는지, 내 존재 자체를 망각해 버리는 것이다.

그런 과정을 거쳐서 무아지경(無我之境)에 이른다. 무아경(無我境), 내가 없는 경지를 가야 그게 하늘마음이다. 대자연 속에서, '내 마음이 천지의 마음이 돼서, 나는 그저 대자연인일 뿐이다' 하고 내 자신을 완전히 망각할 때, 그때 통(通)이라는 경지를 접하게 되는 것이다. 누구도 그 경지를 밟지 않고서는 절대로 도통경지에 들어가질 못한다.

그런데 앉아서 수련을 해보면 알겠지만, 거기까지 가는 과정에서 왜 그런지 쓸데없는 생각이 자꾸 난다. 잡념을 버려야 하는 것이 원칙인데, 잡념을 버리기는커녕 엄마 젖 먹을 때 생각까지 다 나는 것이다. 평상시에는 잊어버렸던 것이 정신이 말쑥해져서 더 많이 생각나는 것이다. 열 배 스무 배 더 생각이 난다. 그러다 차차 시간이 지나면 그런 것이 없어진다. 그게 마치 뭐와 같으냐 하면, 물 한 동이 떠다가 하루고 이틀이고 놔두면 물 찌꺼기는 다 가라앉고 아주 맑은 물만 남는 것과 같다.

그것과 같이, 수도할 때는 세속적인 혼탁한 생각이 다 가라앉아야 한다. 화식(火食), 불로 익힌 밥을 먹고 세상 사물을 접하면서 여러 십 년 동안 사회생활을 하다보면 정신이 혼탁해지고 잡념에 휩싸이는데, 그런 것들이 물 찌꺼기 가라앉듯이 다 없어져야 한단 말이다.

무형인 정신은 그렇게 되는데, 체질적으로는 어떤 변화가 오느냐?

수도를 하면 인체의 이목구비(耳目口鼻), 오장육부(五臟六腑), 삼초(三焦) 등에서 변화작용이 일어난다.

인체의 구조라 하는 것은 수화(水火)로 되어져 있다. 사람은 물기운과 불기운, 두 가지 기운을 가지고 산다. 사람의 콩팥이 양쪽으로 하나씩 붙어 있는데 콩팥 하나는 물을 맡고 있고, 나머지 하나는 불을 맡고 있다.

불을 맡고 있는 콩팥은 비장(脾臟)과 직결되어 있다. 비장을 지라라고도 하는데, 소나 돼지 같은 것 잡으면 혓바닥같이 기다랗게 생긴 것 있잖은가. 그리고 물을 맡고 있는 콩팥은 간(肝)하고 직결돼 있다.

간이라 하는 것은 나무[木]다. 그런데 간이 나무라면 나무에서 불이 나오지 않는가. 그러니 목생화(木生火)인데 심장이 화(火)다. 그리고 화생토(火生土)인데 비장이 토(土)이고, 토생금(土生金)인데 폐장이 금(金)이다. 그 다음 금생수(金生水)인데 신장이 물[水]이고, 수생목(水生木)인데 간이 나무다.

다시 말해서 간장의 어버이는 신장[腎水]이고, 심장의 어버이는 간장[肝木]이고, 비장의 어버이는 심장[心火]이고, 폐장의 어버이는 비장[脾土]이고, 신장의 어버이는 폐장[肺金]이다.

254

사람이 음식을 먹으면 먼저 위장이 받아들이지만 소화 작용은 비장이 맡아서 한다. 비장이 신장의 불기운을 받아 뜨겁기 때문에 소화가 되는 것이다.

　그리고 신장이라 하는 것은 진액의 곳간이다. 그러니 위장이 튼튼해야 음식의 진액을 섭취해서 신장에 저장해 둘 수 있다. 사람이 굶고도 며칠씩 활동도 하고, 호르몬을 배출할 수 있는 것도 신장의 진액 때문이다. 신장에 진액을 저장해뒀다가 활동할 때에 전부 꺼내 쓰는 것이다. 그래서 옛날부터 "신(腎)은 위지근(胃之根)이요" 신장이라 하는 것은 위의 뿌리요, "위(胃)는 신지구(腎之口)라" 위장이라 하는 것은 신장의 입이라고 했다. 인체의 구조가 그렇게 되어져 있다.

　그런데 수련하는 과정에서 체질이 변화된다.

　앞에서 잠깐 말한 대로, 사람은 수화(水火)기운으로 산다. 그런데 본래 물이라 하는 것은 밑으로 내려가려 하고 불기운은 올라가려는 성질이 있다. 수화의 성질이 그렇다.

　그렇건만 오랜 시간 앉아서 수도를 하다 보면 수승화강(水昇火降)이 된다. 수화기운이 뒤집어져서 물기운은 올라오고 불기운은 내려가는 것이다.

　시간이 갈수록 수승화강이 더 잘된다. 제대로 하자면 물기운은 올라오고, 불기운은 아주 착 가라앉아서 다 꺼져야만 된다.

그래야 체질변화가 완전히 된 것이다. 며칠 수련해서는 그렇게 까지 될 수 없다. 그건 시간이 필요하다.

그런데 이걸 오랜 시간 계속하면 어떤 현상이 오느냐? 내 경험을 참고로 이야기해 주면, 내가 열두 살 먹어서 한 일주일 동안 수련한 사실이 있다.

빈방 하나를 치우고서, 밀짚으로 엮은 밀대방석이라고 있는데, 여름철 더울 때 마당에다 그걸 떡 펴놓고 부채 부치고 앉아 있으면 참 시원하기도 하고 기가 막히게 좋다. 그 밀대방석을 깔고 그 위에 자리 하나를 펴놓고 앉아 수련을 했다.

수도를 하는데 어떻게 수승화강이 되느냐 하면, 오래 앉아 있다 보니 수기(水氣)가 척추를 통해 올라온다. 그러면서 이 얼굴에서 만의회집지상(萬蟻會集之像)이 일어난다. 만의회집지상이란 일만 마리의 개미가 모여드는 형상을 말한다.

만의회집지상이 되면 어떠한 현상이 일어나느냐?

개미가 얼굴에 기어다니면 섬섬대서 못 배기잖는가. 그런데 이건 피부 밖에서 그러는 게 아니고 피부 속에서, 살 속에서 개미 만 마리가 기어다니는 것처럼 섬섬섬섬 한다. 가려워서 도저히 못 배긴다. 그게 바로 수기가 순환하느라고 그런 것이다. 만의회집지상은 아주 미세한 세포에게까지 수기가 올라오면서 기혈이 작용할 때 생기는 현상이다.

256

몸의 수분은 기(氣)가 끌고 다닌다. 기가 생동해서 수분을 끌고 와 수기가 상승하는데, 그게 얼마 지나면 완전히 수승화강이 돼서 체질 개선이 된다. 그 경지에 가면 가려운 현상이 다 없어져 버린다.

그렇게 되면 피부도 아주 말쑥해지고, 눈도 유리알보다 더 반질반질하게 눈부신 광채가 난다. 수도하는 사람은 눈을 보면 안다.

한편으로는 인당(印堂)이 얼음을 갖다 얹은 것 모양 시원하다. 또 백회 부분을 이마 정(頂) 자, 문 문(門) 자, 정문(頂門)이라고도 하는데, 거기서 아주 맑은 기운이 뻗쳐오른다. 기운은 이 정문을 통해 순환한다. 그래서 정문을 쥐구멍이라고도 하는데, 수련을 하면 이 쥐구멍으로 기운이 오르고 내리는 걸 느낀다.

내가 참고로 상제님 성구 하나를 이야기하면, 하루는 김형렬 성도가 상제님께 "전설에 송우암(宋尤庵)이 거처하는 지붕에는 눈이 쌓이지 않고 녹았다고 합니다. 진실로 천지의 지령지기(至靈之氣)를 타고난 사람인가 합니다"고 여쭈니, 상제님께서 "이제 나 있는 곳을 살펴보라"고 하셨다.

김형렬 성도가 밖에 나가 보니 날이 차고 눈이 많이 내려 쌓였는데, 상제님이 계신 지붕에는 눈 한 점 없고, 맑은 기운이 구름을 뚫고 하늘에 뻗쳐서 푸른 하늘이 다 보인다. 김형렬 성도가 하도 이상해서 그 뒤에도 상제님을 모시고 다니면서 살펴보면, 언제든지 상제님께서 머무시는 곳에는 반드시 맑은 기운이 푸른 하늘에 통해 있고, 큰비가 올 때에도 상제님께서는 비 한 방울 맞지 않고 본모습 그대로 이시더라. 그게 뭐냐 하면, 상제님 정수리의 맑은 기운이 하늘까지 뻗쳐 있는 것이다.

수련이란 자기가 자기 심법(心法)을 연마하는 것이다.

오직 일심으로써만 참의 경지에 들어갈 수 있다.

앉아서 한 마음 한 뜻으로 일심 정성을 갖고 주문을 읽다 보면

저도 모르게 모든 걸 다 잊어버리는 무아지경(無我之境)에 이른다.

수도하는 근본 방식 중에서는 우선 몸을 갖는 자세가 중요하다. 수도할 때는 허리를 쫙 펴야 한다. 허리를 펴지 않고 구부정하게 앉아 있으면 우선 수승화강이 안 된다.

사람은 앉을 때도 허리가 일직선이 되게 앉아야 한다.

옛날 우리 조상들이 한 이야기가 있다. "사람은 앉은 모양이 키를 세워 놓은 것 같아야 된다"라고. 쌀 까부르는 키 있잖은가. 키가 가운데는 손잡는 데가 돼서, 잘뚝하니 들어가 있다. 한마디로 허리가 아주 반듯하게 돼야 한다는 것이다.

또 굽은 허리를 보고 곰의 허리라고 하는데, 사람이 곰의 허리가 되면 안 된다. 상리학(相理學)상으로도 허리가 구부러진 사람은 자세가 천골(賤骨)로서 보기도 싫을 뿐 아니라 귀인(貴人)이 될 수 없다. 수도를 않는다 하더라도 사람은 사회생활을 하면서 승상접하(承上接下), 윗사람을 받들고 아랫사람을 거느림에 있어서 허리를 딱 펴고서 사람을 상대해야 한다.

앉았을 때나 섰을 때나 허리는 아주 반듯해야 한다. 허리를 펴면 사람이 위엄도 갖춰지고, 여러 가지가 좋지 않은가. 여하튼 수도하는 사람은 언제든지 허리를 쫙 펴고 앉아야 한다. 그게 수도의 기본 원칙이다.

그리고 다리는 서로 눌리지 않게, 될 수 있으면 편하게 앉아야 한다. 그래야 오래 앉아 있을 수가 있다.

손도 무릎께에 두면 허리가 구부러진다. 이 손이 자연 몸을 끌고 가는 게다. 허리를 펴기 위해서도 손을 몸 쪽으로 바짝 갖다 놓는 것이 좋다. 그러면 허리도 자연히 펴진다.

그리고 앉아서 주송(呪誦)을 하다가 다리가 아프면 가만히 바꿔라, 가만히. 또한 사람이 하루에 세수를 한 번도 하지 않을 수는 없지만, 수행할 때는 가능하면 세수도 하지 않는 게 좋다. 신체를 자꾸 움직이면 수승화강하는 데 좋지를 않다. 공부를 제대로 하려면 사물도 보지 말고 그저 가만히 앉아서 정신을 집중해야 한다. 수도하는 사람은 사물을 많이 접촉하면 마음이 흐트러져서 정신집중에 도움이 되지 않는다.

기존 문화권에서 무슨 산에서 공부한다, 동굴에서 공부한다
는 이야기를 하는데, 그런 데서 공부를 하다 보면 병신 되는 사
람도 많고, 사도(邪道), 곁길로 빠지는 사람도 많다.

그게 왜 그러냐?

상제님의 해원 사상에서도 알 수 있듯이, 세간에 사람 두겁
을 쓰고 나온 사람 쳐놓고 원억을 맺지 않고 죽은 사람이 별로
없다. 그 원한 맺힌 신명들이 해원을 못해서, 무슨 기회만 있으
면 달려 붙어 삐꾸럭길로 끌고 가는 것이다.

십여 년 전에 박 모라는 사람이 있었다. 한번은 그를 포함해
서 몇 명을 벽에다 쭉 돌려 앉혀 놓고 일주일을 한도로 수도를
시키는데, 그가 사흘인가 나흘 만에 이런 말을 하더란다. 같이
수도하던 사람들이 듣고서 하는 이야기다.

아주 어여쁜 아가씨가, 인간세상에서는 다시 찾아볼 수도 없
는 그런 미인이 옥 같은 걸로 만든 좋은 소반에다가 술상을 차
려 와서 빵긋빵긋 웃으면서 한 잔 대접하겠다고 하더란다.

왜 그런 게 보이느냐 하면, 그가 본래 그런 걸 생각하는 사람
이기 때문이다. 그의 정신 자세가 그렇게 되어져 있어서 그렇
단 말이다. 한마디로 말해서 그가 신명에게 그런 빌미를 제공
한 것이다. 아니, 사람이나 속지 신명도 속나. 신명은 인간의 정
신을 다 들여다보고 있다. 신명이 보니까 그 사람 정신이 꼭 그

렇게 되어져 있더란 말이다. 하니까 "야, 요거 끌어서 내가 성 공 좀 해봐야겠다" 하고 그런 여자 신명이 달려 붙어서 자기가 뜻하는 행위를 하려고 한 것이다.

수도하는 사람은 첫째 심법이 발라야 한다. 공부하려고 앉은 사람이 쓸데없는 생각이나 하고, '내가 공부해서 뭘 어떻게 하 겠다' 하는 그런 나쁜 생각이나 한다면 숫제 처음부터 시작하 지 않는 게 낫다.

그러면 수도를 해서 개안(開眼)이 되면 어떻게 되느냐?

일 년 중에 가장 밝은 때가 가을인데, 아주 참 호호(晧晧)하게 밝은 가을날처럼 환하게 광명이 열린다. 세상에 그렇게 밝을 수가 없다. 전구 여러 백 촉 켜놓은 것만큼 밝다.

그렇게 밝아지면 예를 들어, 저 건너 보이는 산의 소나무에 붙은 송충이가 솔잎 파먹는 것까지 다 보인다. 눈 감고 앉아서 그걸 보면, 송충이에 털이 있는데 그 털까지도 환하게 볼 수 있 다. 광명이라는 게 거기까지 몰고 간다.

묶어서 말하면 자연 섭리와 내 정신이 합치가 되는 것이다. 그러면 자연 섭리를 통투할 수 있다. 그걸 문자화해서 말하자 면 "상투천계(上透天界)" 위로는 하늘 경계를 뚫어볼 수 있고, "하철지부(下徹地府)" 아래로는 땅 밑바닥까지 꿰뚫어 볼 수 있 는, 그런 경지에 이른다.

263

수도요결 修道要訣

심 위 천 지 만 령 지 주
心爲天地萬靈之主요
신 위 음 양 조 화 지 택
身爲陰陽造化之宅이니
자 기 조 화 지 도
自己造化之道라.

막 사 선　　　막 사 악
莫思善하고 莫思惡하라.

망 형 망 재　　　물 아 구 망
忘形忘在하여 物我俱忘하면
상 투 천 계　　　하 철 지 부
上透天界하고 下徹地府니라.

마음은 천지만령의 주인이고,
몸은 음양의 조화를 짓는 집이니,
도통이라 하는 것은 자기조화지도다.
착하려고도 하지 말고, 악하려고도 하지 말라.
나의 형상도 잊어 버리고 나의 존재도 잊어 버려서
이 세상 만물과 나라는 존재가 함께 없어지면,
위로는 대우주 천체권을 꿰뚫고
아래로는 땅 속도 환하게 꿰뚫게 되느니라.

도기 128(1998)년 1월 2일, 안운산 태상종도사님 말씀

천지의 도

춘생추살

春生秋殺

天地의 道

八. 지상선경의 새 시대가 열린다

사람은 만물의 영장으로서 천지의 상징적인 존재이다. 때문에 인류 역사에는 문화라는 것이 있다.

그런데 이 문화도 유형문화가 있고 무형문화가 있다.

유형문화인 기계문명, 과학문명, 물질문명은 컴퓨터나 휴대폰과 같이 생활이기(生活利器), 즉 생활도구로서 생활하는 데 편리를 주는 것이다. 컴퓨터에 온갖 정보를 입력해 놓고 단추 하나 누르면 세상만사를 환하게 알 수가 있다. 휴대폰은 저 인공위성을 연결해서 상대방이 호주에 있든지 아프리카에 있든지 남미에 있든지, 얼굴을 서로 봐가면서 담소를 하게 한다. 우리가 살고 있는 이 세상은 물질문명, 기계문명이 아주 극치에 달했다.

허나 그런 좋은 극치의 문명이지만 기계가 없으면 소용 없지 않은가. 기계가 없어서 단추를 못 누르면 무슨 소용이 있나? 단지 기계에 의존해서 아는 척하는 것이다. 다 기계가 알려준 것이지 내가 아는 게 아무것도 없단 말이다.

한마디로 절름발이 문화다. 그리고 무형문화, 정신문화라는 것은 아직 가을 결실문화가 나오지 않아서 다 밝혀지지 않았다. 그런데 문화라는 것은 본래 형상이 없는 정신문화가 문화의 모태이다.

음양으로 따지자면 우리나라 문화, 동양문화는 양(陽)이고 서양문화는 음(陰)이다. 동양은 아버지고 서양은 어머니다. 양은 기운(氣運)으로서 에너지만 발사해 주는 것 아닌가. 해서 동양문화는 형상이 없는 무형문화, 정신문화다. 그리고 모든 물건은 땅에서 성장하지 않는가. 해서 서양문화는 형상이 있는 문화여서 물질문화가 발달돼 있다.

음과 양의 이치라는 것은 참 묘하다. 죽은 남자를 물에 집어넣을 것 같으면 그 시신이 엎어져 버린다. 음을 동경하느라고, 서양 남자이건 동양 남자이건 누구도 그렇다. 여자는 양을 동경하느라고 물속에다 넣으면 하늘을 보고 젖혀져 버린다.

그리고 동양은 양이 돼서 음을 배합하느라고, 집을 지어도 가장 우묵한 곳에다 납작하게 짓는다. 그게 동양의 건축 문화다. 반면에 서양 사람들은 음이 돼서 양을 배합하려 한다. 그래서 서양에 가 보면 팔풍(八風)받이 ●372의 가장 높은 데에다 아주 뾰족하게 피뢰침을 달아서 집을 지어놓는다. 동양 사람은 바람 불어서도 그런 데서 못 산다. 그런데 서양은 거기다가 집을 지어놓으면 그게 명당이라고 집값도 아주 비싸다. 서양의 건축 문화는 그렇게 되어져 있다.

또 동양 사람은 손짓을 할 때도 손바닥을 아래로 해서 "이리 와. 빨리 와" 한다. 그런데 서양 사람은 반대로 손바닥을 위로 젖혀서 부른다. 누가 가르쳐 주지 않아도 그 동네에서 태어난 사람들은 자연히 그렇게 되어진다.

요컨대 물질문화, 기계문명은 서양에서 나왔고, 인류문화의 모태이자 뿌리인 정신문화는 동양에서 처음 시작이 됐다. 어째서 인류의 문화가 동양에서부터 처음 시작이 되었느냐? 우리나라 조상 태호 복희씨가 그린 주역팔괘가 인류문화의 뿌리이기 때문이다.

사람은 만물의 영장으로서 천지의 상징적인 존재이다.

때문에 인류 역사에는 문화라는 것이 있다.

그런데 문화라는 것은 본래 형상이 없는 정신문화가 문화의 모태이다.

물질문화, 기계문명은 서양에서 나왔고

인류문화의 모태이자 뿌리인 정신문화는 동양에서 처음 시작이 됐다.

주역은 그 핵심이 어떻게 되어져 있느냐 하면, 1, 3, 5, 7, 9는 양이요, 2, 4, 6, 8, 10은 음이다. 1, 2, 3, 4, 5, 6, 7, 8, 9, 10, 그게 주역의 틀이다.

참 쉽고 하찮지?

하나 둘 셋 넷 다섯 여섯 일곱 여덟 아홉 열! 그게 인류문화의 원 틀이다. 동양문화는 근본 본질이 수치에서부터 발전된 것이다. 그 속에 세상 진리가 다 들어 있다.

왜 그러냐? 1, 3, 5, 7, 9는 기수(奇數)다. 짝이 없는 수를 기수라고 하는데, 하나 셋 다섯 일곱 아홉, 그건 짝이 없는 수다. 저 홀로 있는, 저 혼자만의 수다.

또 짝이 있는 수는 우수(偶數)라고 한다. 2, 4, 6, 8, 10, 둘 넷 여섯 여덟 열, 그건 짝수다. 홀수는 수컷 수고, 짝수는 암컷 수다. 음양이라는 것이 수컷, 암컷이다.

그게 무슨 말이냐 하면, 자지가 있으면 수컷이라고 한다. 아주 쉬운 것이다. 수컷은 자지가 달렸다. 미물도 그렇고, 곤충도 그렇고, 날아다니는 새, 기어 다니는 짐승도 그렇고, 사람에 이르기까지 자지가 달리면 다 수컷이다.

짝수는 어떻게 되느냐 하면, 암컷을 짝수라고 한다. 여자 납작자지가 두 쪽으로 생겼다. 이렇게 말한다고 무식하다 할 수도 있겠지만, 하늘땅의 틀이 그렇게 되어져 있다.

하늘은 양이고 땅은 음이다. 음양! 암컷, 수컷! 그 진리 속에 세상만사 모든 이치가 다 들어 있다. 암컷, 수컷이 만나지 않으면 이 세상에는 아무것도 되어질 수가 없다. 음양오행 속에 세상 이치가 다 들어 있다.

남자와 여자가 이팔청춘이 되면 성숙이 되어서 누렇게 익어진다. 아주 익은 내가 물씬물씬 나도록 익는다. 그걸 사춘기라고 한다. 그렇게 되면 여자는 남자 냄새만 맡아도 구수하니 좋고, 남자는 여자 냄새만 맡아도 구수하니 좋고, 왜 그런지 그렇게 되어져 있다.

그래서 그걸 성(性)이라고 한다. 그 성이라고 하는 글자는 심방변(忄)에 날 생(生) 자를 했다. 그래서 성(性) 자는 '마음에서 저절로 우러나온다, 자연적으로 생겨난다' 는 뜻이다.

옛날에 초례(醮禮)라고 지금으로 말하면 결혼 예식을 하는데 뭐를 써 붙였느냐 하면 "이성지합(二姓之合) 만복지원(萬福之源)"이라는 글귀를 써 붙였다. 남녀 두 성(姓), 박가와 최가, 김가와 이가가 합하는 것은 일만 복의 근원이 된다는 말이다. 해서 그것을 신랑신부 앞에 떡 붙여 놓는다.

남자 여자가 시집가고 장가들면 그건 촌수도 없다. 없을 무자, 무촌(無寸)이다. 한 몸뚱이가 되는 것이다. 한 몸뚱이가 되기 위해서는 합해야 되니까, 합하러 시집장가를 간다. 남자는 여자 찾아가고 여자는 남자 찾아가고.

그렇게 해서 촌수가 없이 한 몸뚱이가 되면 거기서 자식이 생겨 난다.

남자는 씨, 정자를 가지고 있고 여자는 알, 난자를 가지고 있다. 그 둘이 합하면 그 속에서 아들도 나오고 딸도 나오는데, 그걸 형제자매라고 해서 거기서부터 처음으로 촌수를 따진다.

1, 3, 5, 7, 9는 양이요, 2, 4, 6, 8, 10은 음이라!

세상만사 모든 것이 거기서부터 다 시작을 한다.

동양문화는 근본 본질이 수치에서부터 발전된 것이다.

그 속에 세상 진리가 다 들어 있다.

1, 3, 5, 7, 9는 양이요, 2, 4, 6, 8, 10은 음이다.

1, 2, 3, 4, 5, 6, 7, 8, 9, 10,

그게 주역의 틀이다.

음양오행 속에 세상 이치가 다 들어 있다.

이 우주라 하는 것은 사람농사를 지어 가을철이 되면 인간 결실, 인간 씨종자를 추린다. 그런데 비단 인간만이 아니라 인류문화도 가을철이 되면 결실문화, 알캥이문화로 귀결되어 매듭이 지어진다. 그 결실문화 하나만 남겨놓고서 나머지는 다 없어져버린다. 초목을 봐도 가을이 되면 열매만 남기고서 줄거리, 이파리 등 다른 모든 것은 소멸되지 않는가.

지금까지 발전한 기존 문화는 1년 초목농사 짓는 것으로 보면 꽃 피고 성장하는 과정이었다. 그러므로 성자(聖者)들도 미완성된 성자들이 나와서 미완성된 진리를 내놓았을 것이 아닌가. 봄여름 세상은 생장을 하는 과도기적 과정이 돼서, 그런 성자가 오는 것이 우주변화 법칙상 필연적인 귀결인 것이다.

그렇지만 가을의 문화는 결실문화로서 성숙된 문화다! 봄여름에 분열 발달해 온 각색 문화의 진액을 전부 쏙 뽑아 모은 새로운 문화가 나와서, 우주의 겨울이 올 때까지 5만 년 동안 전 인류가 그 문화권 속에서 생활을 하게 된다.

남자와 여자가 합해져서 거기서 비로소 통일된 사람 씨종자가 생기는 것처럼 문화도 유형문화인 물질문화와 무형문화인 정신문화가 합해져야 비로소 완성된 문화가 나오는 것이다. 따라서 후천이 되어 세상이 극치의 발전을 할 것 같으면, 동서양이 합해져서 유형문화와 무형문화가 하나의 문화권으로 합일해서 통일된 문화가 이루어지는 것이다.

이렇게 통일문화, 결실문화를 들고 나오는 분, 그 분이 바로 인간으로 오신 주재자 하나님, 증산 상제님이시다. 천지라 하는 것이 하나로 되어져 있기 때문에 천지 가운데에 참하나님은 오직 한 분이고, 그 참하나님의 문화권 역시 하나밖에 없다.

봄여름 세상이라 하는 것은 유형세상이고, 가을겨울이라는 것은 "시호시호(時乎時乎) 귀신세계(鬼神世界)여", '때여 때여 신명세계여', 무형과 유형이 합한 세상이다.

하루로 말하면, 낮에는 사람이 활동을 하고 밤에는 신명이 주체가 돼서 활동을 하고 대신 사람은 휴식하고 잠을 자지 않는가. 그것과 같이 우주년으로 해서 봄여름 세상엔 사람이 주체가 되어 활동하고, 가을겨울에는 신명이 주체가 되어 활동을 한다.

그렇다고 사람이 신명의 종속이 될 수는 없고, 신명과 더불어 병행을 한다. 이때는 신명도 사람을 만나야 신명 노릇을 하고, 사람도 신명을 만나야 사람 노릇을 한다.

그래서 앞으로 신인(神人)이 합일(合一)해서, 즉 신명정부의 조직체와 상제님 진리권의 조직체가 하나가 돼서 만사지(萬事知) 문화를 열어 나간다.

신인합일이라 하는 것은 쉽게 말해서, 인사조직체의 A번이라 하면 신명정부에도 A번이 있는데, 그렇게 각자 위치에 따라 신명과 인간이 하나가 되는 것이다. 그래서 이번에는 신명은 사람을 만나야 성공을 하고 사람은 신명을 만나야 성공한다.

인류문명이 지금 나노(nano)급 문화로까지 발전이 됐다. 나노라는 건 단위가 먼지보다도 미세해서 눈에 보이지도 않는다. 그 미세한 입자 속에, 서적으로 말하면 한 만 권 분량을 입력시

킬 수 있다고 한다. 그 나노기술을 이용해서 병도 치료하고 별의별 것을 다 한다. 그런데 앞으로 다가오는 만사지 문화는 그렇게 타에 의존하지 않고 신명과 내 자신이 합일되어 내 스스로가 그냥 아는 것이다.

상제님 주문에도 "시천주 조화정 영세불망만사지(侍天主 造化定 永世不忘萬事知)", '하나님을 모시고 조화를 정하니 만사를 아는 은혜를 영세 만년토록 잊지 못한다' 라고 되어 있다.

가을 세상에는 컴퓨터고 무엇이고 그런 것을 빌리기 이전에, 가만히 앉아서 과거 현재 미래의 세상만사를 환하게 다 알아버린다.

도통을 한다는 말이다. 앞 세상은 일반 백성까지도 이렇게 다 도통을 한다. "대자(大者)는 대수(大受)하고 소자(小者)는 소수(小受)로", 큰 자는 크게 받고 작은 자는 작게 받는다. 자기 위치에 따라 크게 여물 수도 있고 작게 여물 수도 있다. 그 차이는 있을지언정 하나도 빠짐없이 모두가 고루 여물게 되어 있다.

가을철에 야외에 나가 보면 크고 작은 풀들이 있다. 풀 많은 데 가서 쪼그리고 앉아 관찰을 해봐라. 바늘보다 더 작은 풀도 있다. 그런데 고것도 씨를 맺는다! 그것처럼 가을 세상에는 천지이법에 의해 백성들도 각자 그 위치에 따라서 백성 노릇할 만큼 도통을 하는 것이다.

앞 세상으로 넘어가면 도통을 받기 싫어도 받게 된다. 가을

이 되면 자기가 여물고 싶지 않아도 천지가 그냥 여물어 주는 것이다. 그게 바로 대자연 섭리다. 대자연의 이법은 꼭 그렇게 결실이 되도록 하나도 빠짐없이 만유에게 균등한 기회를 준다.

그렇게 해서 앞 세상엔 "불학이능문장(不學而能文章)하고" 배우지 않고도 능히 문장이 되고, "불점이지길흉(不占而知吉凶)하는" 점을 치지 않고도 좋고 그른 것을 아는, 그런 만사지 문화가 열린다.

그때는 마음으로 아는 세상, 지심(知心)세계가 열린다. 그래서 누가 나쁜 생각을 하면 세상사람 전부가 다 알아 버린다. 예를 들어 어떤 사나이가 친구 마누라가 아주 이쁘게 생겨서 '참 저 친구 마누라하고 키스라도 한 번 해봤으면 좋겠다. 참 이쁘다' 하고 생각을 한다면, 그 순간에 친구도 알고 그 마누라도 알고 세상 사람이 다 똑같이 알아 버린다. 해서 한 번은 용서해줄지 모르지만 거듭 그런 생각을 하면 징벌을 당하게 된다.

지나간 역사 과정에서 수많은 사람들이 한평생 나무아미타불을 찾고 산간에서 수도생활을 했지만, 귀신 코빼기 하나 본 사람이 별로 없다. 아니, 그렇게 어렵게 공부해서 도통을 하겠는가? 또 도통을 한다손 치더라도, 그러다가 다 늙어 버렸는데 도통은 해서 무엇에 쓰겠는가?

그리고 또 국가와 민족, 국리민복(國利民福)을 위해서 어떤 성과를 올리기 위해 도통도 필요한 것이지, 나 혼자만 도통하는 게 무슨 소용이 있는가 말이다. 원(元) 도통은 앞 세상에 나온다.

이번에 하나인 문화, 통일문화인 상제님의 만사지문화가 나오면서, 인류 역사의 미완성 문화가 다 없어져 버린다. 상제님 진리는 선천 기존 문화권의 유교, 불교, 도교, 서교(西敎) 등의 진액을 전부 거둬들인 인류문화의 결정체이다.

상제님 진리는 문화의 극치를 세우는, 하나로 뭉쳐지는 진리로서 문화의 열매이다. 앞으로는 그런 통일문화 하나만을 남겨 놓고, 나머지는 다 자연적으로 도태가 되어 버린다.

봄여름철이라 하는 것은 분열 생장하는 때가 돼서 가지에서 가지를 치고 또 거기서 새 가지를 치고, 그렇게 사방으로 자꾸 분열만 한다. 뿌리에서 가지를 뻗어 천지만엽(千枝萬葉), 천 개의 가지 만 개의 이파리로 자꾸 분열에 분열을 거듭하는 것이다. 그렇게 분열한 것을 가을철에는 전부 하나로 뭉쳐서 하나의 알갱이, 열매를 맺지 않는가.

지금까지 발전한 우리 인류문화라 하는 것은 정치, 종교, 경제, 사회, 모든 각색 부문이 과도기적 미완성된 문화였다. 그러나 가을이 되면 물질문화와 정신문화가 합일된 총체적인 통일문화가 형성되어 모든 것이 상제님의 하나인 진리권에서 매듭지어진다.

그 하나의 문화가 바로 군사부(君師父)문화다. 상제님 세상, 5만 년 둥글어가는 그 세상의 틀이 바로 군사부다.

지금까지의 역사 과정이라는 것은 황(皇) 제(帝) 왕(王) 패(覇) 이적(夷狄) 금수(禽獸)로 이어져 왔다. 지금 이 세상은 금수 시대다. 사람 두겁만 썼지 이 세상은 서로 기만하고, 속이고, 뒷등치고, 부모형제지간에도 내쫓고, 서로 뺏고, 발길로 차고, 별일이 다 있지 않은가. 우리나라만 그런 것도 아니고 전 세계가 다 그렇다.

그게 천황(天皇) 지황(地皇) 인황(人皇), 요순우탕문무주공 같은 삼황오제(三皇五帝) 시대를 지나 이적 시대를 거쳐, 금수 세상으로 떨어졌기 때문이다. 역사가 그렇게 되어졌다.

그런데 앞으로는 천황 지황 인황으로, 다시 황(皇) 시대로 되돌아간다. 황 시대로 쭉 내려가면서 열매기 문화, 군사부 진리로써 후천 5만 년 세상이 펼쳐지는 것이다. 가을문화의 원시반본 정신에 의해 그 열매기 문화라는 것은 천지의 열매요 우주의 결실이기 때문에 그 통일된 결실문화가 후천 5만 년 내내 쭉 연속이 되는 것이다.

그럼 군사부(君師父)가 무엇이냐?

우선 천지에서 개벽을 할 때, 상제님 진리로써 세상에 살아남는다. 상제님 진리로 살 수 있게 되니 상제님이 곧 아버지다. 생아자(生我者)도 부모요, 양아자(養我者)도 부모다. 나를 낳은 것도 부모이지만 죽는 걸 살려줬으니 그도 부모 아닌가.

또 상제님 진리로써 도성덕립(道成德立)이 된다. 그러니 상제님이 임금, 황제, 군주가 된다. 자동적으로 그렇게 되는 것이다.

그렇게 상제님이 군(君)도 되고, 죽는 세상에 그 은총으로 살았으니 부모도 되고, 또 상제님 진리를 믿고 따르게 되니 스승도 된다. 누가 해라 마라 하기 이전에 자연적으로 군사부 세상이 되는 것이다.

그런데 한 나라의 백성이 되어 그 하늘밑에 살면서 군주를 배반하고는 절대로 살 수가 없다. 그 영역권에서는 절대로 군주를 배반할 수 없는 것이다.

또 사도(師道)로 볼 때, 그 스승에게 배운 것이 사실인데 스승을 배반하겠다고 하면 그건 누구보고 얘기해도 사리에 부당한 소리라고 한다. 그래서 사도도 절대로 배반될 수 없는 것이다.

또 아버지가 유전자를 전해서 자식을 낳았는데 "나는 우리 아버지 자식이 아니다. 나는 아버지를 물리련다" 한다면, 그것도 말이 안 되는 소리다. 그건 절대로 물릴 수 없는 것이다. 천 년을 가도, 만 년을 가도 바꿔질 수 없는 것이다. 제 애비가 초목으로 말하면 제 뿌리인데, 뿌리를 끊으면 저도 죽지 않는가.

해서 앞 세상 군사부 진리는 배척할래야 배척할 도리가 없다. 천지의 이치가 그렇게 되어져 있다.

상제님 진리로 도성덕립이 되어 다음 세상이 열리고, 상제님 진리로써 후천 5만 년을 통치하는데, 상제님 진리를 어떻게 벗어날 수가 있나. 또 상제님 진리는 전 인류의 생활문화가 돼서, 상제님 진리를 벗어나려고 할 필요도 없고, 거기서 벗어나면 살 수도 없다.

만일 상제님 세상에서 군사부의 틀을 벗어나려는 사람이 있다면 그것은 이 대자연 속에서 산소호흡을 않겠다고 코 막고 입 막고 있는 것과 똑같은 것이다. 코 막고 입 막으면 질식해서 죽는 것밖에 더 있는가.

잘못된 것도 없고, 자기에게 부족한 것도 없고, 자기에게 부당한 것도 없기 때문에 수많은 사람들이 누구도 후천 5만 년 동안 흠흠(鑫鑫)하게 살아간다. 그 세상은 통치자가 있으면서도 통치자가 없는 것하고 별 다를 게 없다.

옛날 편안한 세상에 이런 말이 있었다. "경전이식(耕田而食)하고" 밭을 갈아서 먹고, "착정이음(鑿井而飮)하니" 우물을 파서 물을 마시는데, "제력(帝力)이 하유어아재(何有於我哉)아" 임금의 힘이 나에게 무슨 상관이 있느냐 하는 소리다. '이 자유세계에서 내가 밭 갈아서 농사지어 밥 먹고 우물 파서 물 마시는데, 임금이 우리에게 무슨 필요가 있느냐?' 는 말이다. 너무 편하니까 국가와 임금의 혜택을 망각한 그런 타령을 하는 것이다. 그것과 같이 앞 세상도 그저 안락을 구가하고 자유를 향유하는 그런 좋은 세상이다.

그런데 지금 세상은 정치체제로 말하면 민주주의 세상이다. 여태 발전을 거듭해서 나온 체제가 민주주의다. 민주주의 사상은 2천5백여 년 전부터 등장된 것이다.

"천하(天下)는 천하지천하(天下之天下)요 비일인지천하(非一人之天下)라", 천하는 천하 사람의 천하요 한 사람의 천하가 아니다. 세상은 세상 사람의 세상이요 한 사람이나 두 사람의 세상이 아니라는 것이다.

또한 "삼인지행(三人之行)에 필종이인지언(必從二人之言)이라", 세 사람이 가는데 두 사람이 좋다고 하면 두 사람의 말을 좇아야 된다고 했다. 그게 민주주의 아닌가.

허나 이상만 좋고 이론만 그럴 듯했지, 세상이 그렇게 허용을 안 했다. 민주주의도 흠이 그렇게 많다.

그리고 국제 경제라는 것이 완전히 경제 전쟁이다. 물건을 많이 만들어 수출을 해서 자국민이 잘살아야 된다는 것이다. 반면에 부익부(富益富) 빈익빈(貧益貧)해서 경제망으로 사람들을 옭아매고, 노동력을 착취하는 문제가 있다.

그러나 앞으로 상제님 세상은 군사부라는 틀 속에서 누구를 억압하고 부패를 하고, 전혀 그런 게 없다. "산무도적(山無盜賊)하고" 산에는 물건을 뺏는 도둑이 없고, "야불습유(野不拾遺)라" 들에서는 흘린 것을 주워가지를 않는다. 먹을 게 풍부하고 입을 게 풍부한데 그것 주워다가 무엇을 하겠나. 제 것도 다 주체를 못하는데.

천지의 최종적인 목적이 무엇이냐 하면 사람농사를 지어서 가을철에 군사부라는 '문화의 열매'를 맺는 것이다. 상제님이 꼭 그렇게 만들려고 해서 되는 것보다도 우주정신의 구경(究竟) 목적, 아주 궁극적인 목적이 그렇게 되어져 있다.

천지의 최종적인 목적이 무엇이냐 하면,

사람농사를 지어서 가을철에 군사부라는

'문화의 열매'를 맺는 것이다.

열매기 문화, 군사부 진리로써

후천 5만 년 세상이 펼쳐지는 것이다.

봄철은 천리지상(天理至上) 시대다. 봄철에는 땅이 비옥하고 토박(土薄)하고를 떠나서, 봄볕이 가장 많이 드는 데서 냉이 같은 것, 달래 같은 것이 먼저 나온다. 봄에는 지리도 소용이 없고 사람도 소용이 없고, 햇볕 많이 드는 데가 제일이다. 봄철은 하늘이 만유의 생물을 내는 때니 천존(天尊) 시대다.

그 다음 여름철은 지리지상(地理至上) 시대다. "인걸(人傑)은 지령(地靈)으로", 좋은 땅에다 조상을 모시면 그 지기를 받아서 좋은 자손도 낳고 부자도 된다. 양택, 음택이 다 마찬가지다. 여름철은 땅이 만유 생명을 길러 내는 때니, 지존(地尊) 시대다.

그런데 앞으로 다가오는 상제님 세상은 천존과 지존보다도 인존(人尊)이 높다.

왜 그러하냐?

인문지상(人文至上) 시대가 되기 때문이다. 가을에는 천지에서 사람농사 지은 것을, 사람이 천지를 대신해서 거둬들이니 인존시대가 되는 것이다.

묶어 말해서 우주의 봄철은 "천인(天人) 천지(天地) 천천(天天)" 하늘이 사람 노릇도 하고, 하늘이 땅 노릇도 하고, 하늘이 하늘 노릇도 하는 천존시대요, 여름철은 "지인(地人) 지지(地地) 지천(地天)" 땅이 사람 노릇도 하고, 땅이 땅 노릇도 하고, 땅이 하늘 노릇도 하는 지존시대요, 그리고 가을철은 인존시대, "인인(人人) 인지(人地) 인천(人天)" 사람이 사람 노릇도 하

신인이 합일하는 인존문화가 열린다

288

고, 사람이 땅 노릇도 하고, 사람이 하늘 노릇도 하는 때다.

이제까지 인류 역사에서 사람이 창조의 경쟁을 해서 오늘날 이처럼 찬란한 문화를 꽃피웠다. 그런데 앞 세상에는 그 찬란한 문화가 더욱 성숙하여 신인이 합일하는 문화, '시천주 조화정 영세불망만사지' 하는 문화, 인존문화가 열린다.

앞으로의 문화라 하는 것은 하늘이 할 것을, 땅이 할 것을 사람이 대신한다. 천존으로도 능히 당할 수 없고, 지존으로도 능히 당할 수 없고, 사람이 좌지우지하는 세상이다.

예를 들어 국가에 천문과(天文科)라고 하든지, 아니면 농정과(農政科)라고 하든지 그런 과가 생겨서 비를 내려도 어느 지점에 얼마를 내린다 하는 것을 사람이 조정을 한다. 비가 많이 오면 홍수가 저서 사람을 귀찮게 하고 못살게 하고 피해를 주잖는가. 또 가물면 농사를 못 짓게도 하고 말이다. 앞으로는 그런 폐단이 없도록 "충청도, 전라도, 혹은 강원도의 어떤 지역에, 몇 시에서 몇 시까지 몇 밀리를 내려라" 하고 사람이 결정한다. 비오는 영역도 표시를 하고 70밀리, 80밀리, 150밀리, 비 오는 수량까지 정해준다. 문화가 거기까지 발전을 한다. 인존문화라는 것이 그러하다.

그때는 인존이 천리와 지리도 정복한다. 인존 앞에서는 신명도 꼼짝 못한다. 가을은 신명이 주체가 되면서도 인존 앞에서는 또 인존의 명령을 받들어야 한다.

그 세상에는 무엇이든, 신명 문제도 인사 문제도 사람이 다 맡아서 한다. 그렇다고 해서 정의에 어긋난 일은 못하지만, 인존 세상이라 하는 것은 그렇게 사람이 지극히 존엄한 세상이다.

　인존시대에는 원칙과 사리에 조금이라도 어긋날 것 같으면, 어느 신명도 어느 인간도 인간 세상에 참여할 수가 없다. 도태돼 버린다. 누가 도태를 시키는 게 아니고 자연도태가 돼버린다.

이제까지 인류 역사에서 사람이 창조의 경쟁을 해서

오늘날 이처럼 찬란한 문화를 꽃피웠다.

앞 세상에는 그 찬란한 문화가 더욱 성숙하어

신인이 합일하는 문화,

'시천주 조화정 영세불망만사지' 하는 문화,

인존문화가 열린다.

공자가 인의예지신(仁義禮智信)을 바탕으로 하여 윤리와 도덕으로 대동(大同) 세계를 만들기 위해서 철환천하(轍環天下)를 하였다. 철환천하라는 말은 공자가 평생 동안 중국 천하를 다람쥐 쳇바퀴 돌듯 주이부시(周而復始)해서 만날 쫓아다녔다는 말이다. 그 당시는 판이 좁은 세상이니, 그때 천하라면 중국 테두리를 말한다.

얼마나 돌아다녔던지 "공석(孔席)이 미난(未暖)이라", 공자가 동가식서가숙(東家食西家宿), 동쪽 집에서 아침을 먹고 서쪽 집에서 잠을 자고, 앉은 자리가 더워질 새도 없이 자리를 떴다는 말이다. 또한 "공자는 상가지구(喪家之狗)라"는 능욕도 당했는데, 초상집 개와 같은 사람이라는 말이다. 초상이 나면 소도 잡고 돼지도 잡지 않는가. 그러면 개라는 놈은 사람들이 먹고 버린 뼈다귀 하나라도 찾으려고 냄새 맡고 쫓아다닌다.

그가 "공석이 미난이라", "상가지구라" 이런 훼담(毁談)을 들어가면서 세상을 위해 희생 봉사한 그 공덕으로 2천5백 년 동안 성인(聖人)으로 추대를 받아 왔다.

또한 자비의 석가, 박애의 예수! 그 두 성자도 세상에 쌓은 공덕으로 석가는 3천 년, 예수는 2천 년 동안을 성인으로 받들어져 왔다.

그런데 상제님 진리는 죽는 세상에 목숨을 살려주는 것이니, 그건 단순히 인간 세상에 공을 쌓는 정도가 아니라 천지에 공을 쌓는 것이다. 과거 성자들은 인간 세상에 다만 봉사를 했을 뿐, 천지에 공을 쌓은 것은 아니다.

인존의 진리로써 죽는 생명체를 살려주는 것!

이것이 천지에 공을 쌓는 것이다.

천지에서는 생명을 죽이는데, 인존이 이화한 진리, 인존의 화권으로 질정(質定)된 진리가 사람을 살리고 새 세상을 개창하여 새로운 선경 세계를 건설한다.

천지는 봄에 물건 내고 가을철에 알캥이를 맺어 놓으면 자기 할 노릇을 다 마친다. 그 알캥이는 인존이 인존의 위치에서 거둬 들이는 것이다.

이제 천지의 진리가 100퍼센트 다 여물어서 알캥이가 맺어진다. 더 이상 나올 것이 없다.

알캥이는 가을에 오직 한 번 맺는 것이다. 가을철에 결실할 때 한 번 결실하면 그걸로 끝이지, 다음 달에 여물고 또 다음 달에 여물고, 그렇게 되는 것이 아니지 않은가.

해서 인류문화는 이번에 여물면 다시는 여물지 않는다. 이번에 여무는 알캥이 문화, 통일된 문화가 후천 5만 년을 내려간다.

왜 5만 년이냐?

우주 1년에서, 천지가 동결(凍結)돼서 일체의 생물이 멸망당하기 전까지 5만 년이 남았다는 말이다. 앞으로 사람이 살 수

있는 시간이 5만 년이다. 그 5만 년 동안은 상제님의 인존문화
권에 전 인류가 수용을 당하는 것이다.

　이번에 상제님 진리로 판이 한 번 정해지면 절대로 바뀔 수
가 없는 것이다. 상제님 진리는 뿌리 진리이기 때문이다. 뿌리
진리라고 하면 다시 말해서 천리(天理)다, 천지의 이법! 자연 섭
리는 고칠래야 고칠 수가 없지 않은가.

알캥이는 가을에 오직 한 번 맺는 것이다

가을철에 결실할 때 한 번 결실하면 그걸로 끝이지

다음 달에 여물고 또 다음 달에 여물고

그렇게 되는 것이 아니지 않은가!

해서 인류문화는 이번에 여물면

다시는 여물지 않는다.

이번에 여무는 알캥이 문화

통일된 문화가 후천 5만 년을 내려간다.

이번에 상제님의 진리를 만나, 살아서 후천 새 세상으로 넘어갈 것 같으면 행복을 구가하면서 후천 5만 년 동안 자자손손 계계승승해서 잘살 수가 있다. 그 세상은 그저 일방적으로 안녕질서를 누리고, 참 좋기 만한 세상이다. 앞 세상에는 그른 것이라고는 전혀 있지를 않다.

사람은 먹고 살기 위해서 투쟁하는 것밖에는 아무것도 없다. 그런데 앞 세상에는 먹고 살 것이 그렇게 풍부하고, 기계문명 물질문명 모든 게 아주 극치의 발전을 해서 참으로 살기 좋은 세상이 된다.

삼사십 년 전만 해도 '불 때지 않고 밥 해 먹는다' 는 상제님 말씀을 믿지 못했다. 70년대에 전기밥솥이 처음 나왔을 때다. 서울에 잘 아는 친구가 있어서 우연히 거기를 들렀는데 오랜만에 만났다고 아주 반가워한다. 그런데 뭘 어떻게 하는지 "뚝" 하는 소리가 나더니, 아니 밥 냄새도 나고, 밥이 다 됐다는 것이다. 그게 전기밥솥이다. 불 때지 않고 밥 짓지 않는가?

그리고 앞으로는 종자가 개량되어서 한 번 씨 뿌리면 가을에 가서 곡식을 베고 다음 해에 그 그루터기에서 또 새싹이 난다. "거름 한 번 안 해도 땅을 태워서 다 옥토로 만든다" 는 상제님의 공사 그대로다.

또 생명공학이 극치로 발전해서, 사람도 줄기세포를 배양해서 간심비폐신(肝心脾肺腎)을 새로 만들 수 있다. 그건 상식적으로 누구도 다 알고 있는 사실이다.

태모님께서, "앞으로는 인간 수명이 상수(上壽)는 1,200살을 살고, 중수(中壽)는 900살을 살고, 아무리 일찍 죽는 하수(下壽)라도 700살을 산다"고 하셨는데, 거기에 그치지 않고 몇 곱쟁이 더 살 수도 있다.

줄기세포 몇 개를 키워서 사람 몸에 갖다 심으면, 그게 커서 간도 새로 만들어 내고, 폐도 새로 만들어 내고, 이빨도 새로 나게 한다.

"백발(白髮)이 환흑(換黑)하고 낙치(落齒)가 부생(復生)이라", 흰 터럭이 검어지고 빠진 이빨이 새로 난다. 그때는 너무너무 오래 살아서 "아이구, 죽지도 않아?" 할 게다. 오래 사니까 귀찮다고 하는 말이다. 앞으로는 그런 세상이 온다. 그때 가서는 근래의 나노문화 같은 것은 당연한 생활문화로 수반이 될 것이다.

　　다음 세상은 어떠한 세상이 펼쳐지느냐 할 것 같으면, 알건 모르건 현실적으로 지상선경(地上仙境)이 펼쳐진다. 무엇이든 생각해서 마음먹는 대로 안 되는 것이 없고, 그 이상 더 요구할 수 없는 그런 좋은 세상이 이 지구상에 펼쳐진다. 그것을 지상 선경이라고 한다. 땅 위의 선경이라는 말이다.

　　또한 현실선경(現實仙境)이다. 무슨 꿈 속의 선경이 아니고, 우리가 생존하는, 현실적으로 느끼면서 사는 현실선경이다.

　　또 사람들이 도통을 했기 때문에 조화선경(造化仙境)이라고 도 한다. 조화선경이라면 사람이 "호풍환우(呼風喚雨)" 바람도 부르고 비도 부르고, "축천축지(縮天縮地)" 하늘도 쭈그리고 땅 도 쭈그리고, 한 발짝에 십 리를 축지할 수도 있고 오십 리를 축 지할 수도 있다. 상제님 진리권으로 열리는 후천 5만 년 세상은 말로써 다 형용할 수 없는 그런 좋은 세상이다. 150퍼센트 좋기 만한 세상, 앞 세상은 거짓말 같이 그렇게 좋은 세상이다.

　　내가 언젠가 마산 양덕(陽德) 도장을 갔다가 그 대기실에 들 어가 보니 "일실건곤(一室乾坤)을 평화낙원(平和樂園)하리라" 하는 글이 붙여져 있었다. 그 글은 바로 내가 읊은 것으로, 천지 인 삼계의 총체적인 결실문화를 담은 시구(詩句)이다. '일실건 곤을 평화낙원하리라', 세계 일가를 화기가 애애한 낙원으로 만들 것이다는 말이다. 그것이 바로 조화선경, 지상선경, 현실 선경을 의미한다.

298

이번에 상제님 진리로써 기존 상극의 문화를 해원·상생으로 매듭지으면, "문명개화삼천국(文明開化三千國)이요 도술운통구만리(道術運通九萬里)"가 된다. 세상에서 알건 모르건 간에 대우주 천체권은 '구만 리 장천(長天)'이다. 긴 장(長) 자, 하늘 천(天) 자를 붙여서 그렇게 말하는 것이다. '상제님의 만사지문화가 구만 리 장천에 운통(運通)하게 되고, 문명은 삼천 나라에 열려 꽃피게 된다.'

십여 년 전 한 일간지 기사에서 전 세계 씨족이 약 2천4백 개라고 했다. 씨족이 그렇게 많다. 한 130여 개 족속이 합해져서 러시아가 됐고, 한족(漢族)을 비롯해서 약 50여 족속이 합해져서 중국이 됐다. 하지만 상제님 세상이 되면, 그렇게 억압을 당하며 살아온 모든 족속들이 주권을 회복해서 각기 제 나라를 세우게 된다.

하나 예를 들면, 러시아의 체첸 문제를 잘들 알 것이다. 그 사람들 수를 보면 2백만밖에 되지 않는다. 그런데 백 년 이상을 러시아에게서 독립하기 위해 싸워 내려온다. 최후의 한 사람이 남을 때까지 독립 투쟁을 하겠다는 것이다. 그런 족속이 이 지구상에 숱하게 많다. 그래서 상제님이 "문명은 개화삼천국이라", 문명이 각 족속에 따라 삼천 나라로 열려 화하게 된다고 하셨다. 앞 세상에는 상제님의 문화로 모든 족속이 행복을 만끽하고 자유를 향유하면서 5만 년 세상을 생활하게 된다.

八 지상선경의 새 시대가 열린다

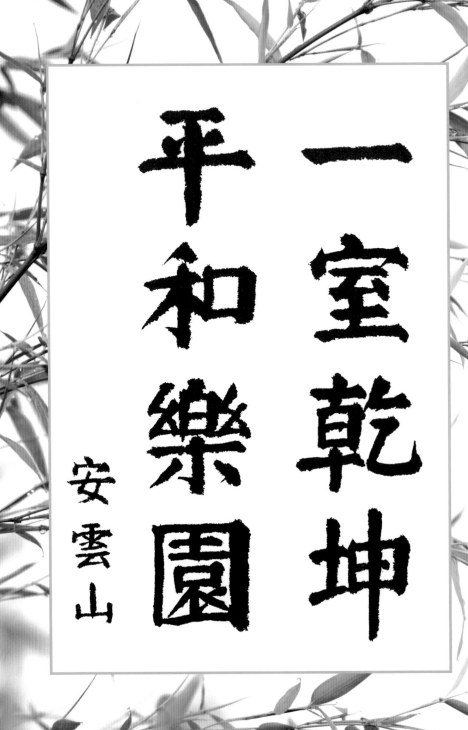

平和樂園　一室乾坤

安雲山

一室乾坤(일실건곤)을
平和樂園(평화낙원)하리라
후천 5만 년 온 우주촌에
세계가족을 건설하고 평화낙원을 만들리라

안운산 태상종도사님의 평생시(平生詩).
일제의 질곡 하에서 그 뜻을 펴지 못하고 있던 청년시절,
상제님 사업을 위한 원대한 꿈을 간직한 채
장차 상제님 진리를 집행할 생각을 담아서 이 시(詩)를 지으셨다.

천지의 도

춘생추살

春生秋殺

天地의 道

九. 우주의 결실은 인간

　여러 천 년, 만 년의 세월이 흐르면서 천지가 사람농사를 짓는데, 천지는 말이 없고 수족도 없기 때문에 천지의 역사를 사람이 대신한다.

　천지라 하는 것은 생장염장이라는 틀을 바탕으로 주이부시해서 둥글어갈 뿐이다.

　지구 1년에도 천지에서 초목농사를 지어놓으면 사람이 대신 추수를 한다. 우선 먹고 살기 위해서 말이다. 천지에서 사람농사를 지어서 가을에 사람 씨종자를 추릴 때도 역시 사람이 천지의 대행자(代行者) 노릇을 하게 된다.

　더 구체적으로 말해서 상제님의 일꾼들이 상제님을 대신해서 상제님 진리를 집행하는 대역자(代役者), 천지에서 사람농사 지은 것을 추수하는 천지의 대역자가 된다. 상제님이 천지공사 보신 것도, 우주에서 사람농사 지은 것도, 상제님의 일꾼들이 마무리를 한다. 상제님의 일꾼들은 바로 상제님의 대역자요, 우주의 대역자요, 천지의 대역자다.

　상제님 말씀에 이런 말씀이 있다.

天_천地_지生_생人_인하여 用_용人_인하나니

以_이人_인生_생으로 不_불參_참於_어天_천地_지用_용人_인之_지時_시면 何_하可_가曰_왈人_인生_생乎_호아

천지에서 사람을 내서 사람을 쓰나니
사람으로서 천지에서 사람을 쓸 때에 참예하지 못하면
어떻게 그것을 가히 인생이라 할 수 있겠느냐!

이 시대를 사는 사람들은 참으로 좋은 때를 맞이했다. 하건만 그걸 아는 사람이 없다.

사람이 성공하는 때가 언제인가?

지나간 역사 과정에서도 보면 국초(國初) 국말(國末), 한 나라가 망하고 한 나라가 처음 시작될 때다. 영웅 열사라 하는 것은 반드시 국초 국말에야 성공을 한다. 공신(功臣)이 된다는 말이다.

경천위지(經天緯地)하는, 하늘을 쓰고 도리질을 하는 사람이라 하더라도 때를 만나지 못하면 소용이 없다. 초목과 더불어 썩어지는 수밖에 아무런 방법이 없다. 때를 못 만났는데, 저 하나 성공하기 위해 난리를 일으켜 국가와 민족, 세상을 시끄럽게 하면 그건 난신적자(亂臣賊子), 나라를 어지럽히는 신하와 어버이를 해하는 자식으로 천고의 죄인밖에 안 되지 않는가.

그런데 새 나라를 세우는 데에 공을 세웠다고 해도 그것은 그 한 나라에 국한된 공신일 뿐이다. 하지만 상제님 일은 천지의 새 집을 짓는, 천지의 새 역사를 창조하는 일이 돼서, 상제님 사업에 참여한다는 것은 천지에서 쓰는 역군이 되는 것이다.

조그만 한 나라의 군주가 새 판 꾸미는 데에 공신이 되는 것과 천지의 역군이 되는 것이 어떻게 같을 수가 있는가. 이성계가 조선국을 세우는 과정에서 공을 세우는 것과, 우주가 개벽을 하는 때에 새 천지의 틀을 짜는 하나님의 역군이 되는 것은 비교가 아니 되는 것이다.

상제님 일은 역사적인 역군으로서 후천의 개창자, 새 세상을 여는 개창자가 되는 일이다.

이 시대를 사는 사람들은 참으로 좋은 때를 맞이했다.

상제님의 일꾼들은 상제님 진리를 집행하는 대역자,

천지에서 사람농사 지은 것을 추수하는 천지의 대역자다.

상제님이 천지공사 보신 것도,

우주에서 사람농사 지은 것도,

상제님의 일꾼들이 마무리를 한다.

사람은 봉사정신을 가지고 살아야 한다. 가족의 일원이라면 가족을 위해서, 나아가 사회를 위해서, 민족을 위해서, 인류를 위해서 봉사정신을 가지고 살아야 한다.

나 혼자 잘 살기 위해, 내 목적을 달성하기 위해, 내 이득을 위해, 남을 등치고 거짓말하고 협박하고 음해한다면, 그것을 만고의 신명들이 감시를 한다.

옛말에도 이런 말이 있다. "군자(君子)는 신기독(愼其獨)이라", 군자라 하는 것은 자기 홀로를 삼가한다는 말이다. 자기 혼자 있을 때, 남이 보지 않으니 아무렇게나 해도 괜찮은 것이 아니다. 그게 자기 혼자 있는 것이 아니고, 신명이 보고 있고, 진리가 심판을 한다.

진리라 하는 것은 "무소부재(無所不在)라", 있지 않은 데가 없다. 이 대우주 천체권 내에 꽉 찬 것이 진리다. 그러니 사람은 혼자 있을 때에도 삼가해야 한다, 조심을 해야 한단 말이다. 사람은 대중 속에 있을 때나 혼자 있을 때나 누가 보는 것과 같이 도덕률에 합치되는 정의로운 생활을 해야 한다.

또한 사람은 겸손 겸(謙) 자, 빌 허(虛) 자, 겸허해야 된다. 아는 척도 하지 말고, 내가 해놓은 공도 상대방에게 돌리고, 공도(公道)에 입각해서 일을 해야 된다. 인간의 사욕은 절대로 소용 없는 것이다. 저 잘났다 하고 제가 공 세웠다 하는 것은 자가중

308

상(自家中傷)이다. 제 칼로 제 목 찌르는 것밖에 안 된다.

"덕자(德者)는 본야(本也)요 재자(才者)는 말야(末也)라", 덕이라 하는 것은 바탕이 되고 재주는 말단이다. 사람이 재주만 많고 야박스러우면 자기 스스로 실덕(失德)을 한다.

그리고 사람은 아량이 넓어야 한다. 관용성(寬容性)이라고 그러잖는가. 남이 좀 잘못한다고 하더라도 관용을 가지고 그걸 넉넉히 수용을 해서 좋게 아량을 베풀어야 한다.

커다란 못이 있으면 거기에는 하루살이도 있고, 송사리도 있고, 개구리도 있고, 뱀도 있고, 물고기도 있고, 여러 가지 풀도 다 있고, 별 게 다 있잖은가. 그래서 그걸 택국(澤國)이라고 한다. 못 나라다! 만유의 생명체를 다 수용한다는 말이다.

사람이 암만 옹졸하다고 하더라도 커다란 연못 하나 턱은 돼야 될 것 아닌가. 천지의 역군, 천지의 대역자가 되려 할 것 같으면 이 지구도 수용할 만한 그릇이 돼야 될 것 아닌가!

그 많은 서적 중에 「서전서문(書傳序文)」이 왜 그렇게 좋으냐 하면 「서전서문」은 전부 심법을 다룬 글이기 때문이다. 마음 심(心) 자가 열아홉 자나 된다. 국가의 흥망성쇠(興亡盛衰)와 국민의 가효국충(家孝國忠), 가정에 효도하고 나라에 충성하는 것이 전부 다 심법에 매여 있는 것이다.

九 우주의 결실은 인간

사람은 세 가지 유형이 있다. 한 가정에서도 있어서는 아니 될 사람, 있으나마나 한 사람, 없어서는 안 될 사람, 그런 세 가지 유형이 있다.

있어서는 안 될 사람은 어떤 사람이냐 하면, 그 허구한 날 술이나 마시고 말썽이나 피우는 사람이다. 못된 짓을 하니까 법에서도 잡으러 다니고 집에서도 아주 두통거리다. 그 사람 때문에 가정을 유지할 수가 없다. 돈 될 만한 것이 있으면 다 갖고 가서 팔아먹고, 돈 있으면 훔쳐다가 술 사먹고, 하여튼 못된 짓만 하고 남 못살게만 한다. 그런 사람은 있어서는 안 될 사람 아닌가.

또 있으나마나 한 사람이 있다. 해 될 것도 없고 보태주는 것도 없고 그저 무해무덕(無害無德)한 사람, 그런 사람은 있으나마나 한 사람이다.

그런가 하면 없어서는 안 될 사람이 있다. 가정의 화합을 도모하고 또한 생활문제도 전부 담당을 하고, 그 사람의 영향권을 벗어나서는 그 가정이 도저히 유지될 수가 없는, 그 가정을 이끄는 절대자, 없어서는 안 될 사람이 있다. 이렇게 한 가정에서도 없어서는 안 될 사람, 그 사람이 그 가정을 이끄는 봉사자다.

그것과 같이 천지의 질서가 바뀌어지는 이 하추교역기에 선천과 후천을 이어주시는 참하나님, 상제님의 일꾼으로서 그 사람이 없이는 절대로 인류 역사를 다시 이어갈 수가 없는, 그런 사람이 진짜 봉사자다.

봉사(奉仕)란 받들 봉(奉) 자, 섬길 사(仕) 자, 받들어 모시는 것이다. 그런데 봉사를 할 것 같으면 그 공이 자기 자신에게로 온다. 그러니 내가 잘되기 위해서라도, 내가 부귀영화를 누리기 위해서라도 공도를 위해 봉사를 해야 하는 것이다.

이 세상 역사가 시작된 이후로 정치를 하는 사람이건, 종교를 하는 사람이건, 무엇을 하는 사람이건, 사람이라면 누구도 다 똑같이 부귀영화를 꿈꿨다.

부(富)라고 할 것 같으면 물질인데 물질이라 하는 것은 노력의 대가다. 하루 가서 노력하면 하루 품삯을 받는다. 기술 가진 사람은 기술 품삯이니 비쌀 것이고, 막노동을 하면 품삯이 쌀 것이고. 노력을 하지 않고서 그 대가를 얻는다는 것은 사리에 부당해서 있을 수 없는 일이다. 현재까지도 없었고 미래에도 있을 수가 없다.

또 부자가 되는 것도 "소부(小富)는 재근(在勤)하고 대부(大富)는 재천(在天)이라." 농업국가로 말하면 옛날 세상에 개똥 오쟁이라고 있었는데, 오쟁이를 지고 개똥을 주우려 해도 식전에 부지런히 다녀야 한다. 아침 일찍 나가서 주워야 딴 사람한테 빼앗기지 않는다. 그렇게 해서 거름을 잘할 것 같으면 쌀 한 톨이라도 더 낼 수 있잖은가. 그렇게 작은 부자는 부지런한 데에 달려 있고, 큰 부자는 좋은 운이 뒤따라야 되는 것이다. 어떤 좋은 시기를 만나야 된단 말이다.

사실 묶어놓고 보면 참하나님, 상제님도 이 세상에 봉사를 하러 오셨다. 후천 5만 년 전 인류를 위해, 또한 선천의 역사 속에서 한 세상을 살다간 그 수많은 신명들을 위해서 봉사하신 것이다. '널리 신명도 건지고 사람도 살린다', 그게 바로 봉사 아닌가.

상제님은 전만고에도 전 인류의 참하나님이고,

후만고에도 전 인류의 참하나님이시다.

그 참하나님을 잘 믿어서, 개벽하는 세상에 나도 살고

더불어 남도 살려주는 일을 하는 것이 바로 증산도다.

사람을 많이 살려 놓으면

그 산 사람들이 자손 대대로 내려가면서

이 하늘이 끝날 때까지 보은을 한다.

상제님은 전만고(前萬古)에도 전 인류의 참하나님이고, 후만고(後萬古)에도 전 인류의 참하나님이시다. 이 대우주 천체권 내에 오직 한 분이신 절대자로서 지나간 세상에도 참하나님이고, 앞으로 다가오는 세상에도 참하나님이신 것이다. 그 참하나님을 잘 믿어서, 개벽하는 세상에 나도 살고 더불어 남도 살려주는 일을 하는 것이 바로 증산도다.

우리가 살고 있는 이 세상은, 내가 보는 걸로는 상제님 사업밖에는 할 게 아무것도 없다. 천지 이법이 추살 기운으로 다 죽이는 때인데 무엇을 할 게 있겠는가.

가을바람이 불면 낙엽이 지고 결실을 하는 법이다. 그러므로 천지의 질서가 바꾸어지는 가을철은 생사를 판단하는 때이다. 죽고 사는 것을 가려낸다는 말이다. 이번에는, 진실한 씨종자는 열매를 맺어서 기수영창(其壽永昌), 길이 창성할 것이요, 거짓된 자는 다 떨어져서 열매를 못 맺고 길이 멸망을 할 것이다.

그런데 "호생오사(好生惡死)는 인지상정(人之常情)이라", 살기를 좋아하고 죽기를 싫어하는 것은 사람이라면 누구나 다 같지 않겠는가.

그리고 인간이란 공분심과 의분심이 충만해 있는 존재다. 사람은 냉혈동물이 아니고 온혈동물이다. 또 나라는 존재가 하늘에서 떨어진 것도 아니고 땅에서 솟은 것도 아니다. 혈통도 있

314

고 가족도 있다. 내 몸 하나가 생존하는 데는 부모, 형제, 처자를 비롯한 수많은 인아족척(姻婭族戚)들과 사회 속에서 떨어질래야 떨어질 수가 없는 연관 작용을 맺고 있는 것이다.

해서 사는 길이 있다면 그 길을 좇아 나도 살고, 내가 사는 성스러운 진리로 남도 살려 주어야 하지 않겠는가! 나도 살고 남도 살아남은 그 뒷세상에는 천지에 공 쌓은 것만큼 잘도 되는 그런 세상이다.

사람을 많이 살려 놓으면 그 산 사람들이 자손 대대로 내려가면서 만 년, 2만 년 이 하늘이 끝날 때까지 보은(報恩)을 한다. "만 년 전, 2만 년 전에 어떤 할머니, 할아버지가 천지의 이법을 전해줘서 우리가 살았다. 그래서 우리가 지금도 있는 것이다" 하고.

내가 자주 이야기하지만 우리 증산도가 남조선배다. 이번에는 남조선배를 타는 사람만이 산다. 세계 각색 인종, 묶어서 65억 인류가 남조선배를 타야 한다. 이 남조선배는 제한도 없다. 65억 인류가 다 타고도 남는 배다. 이 배를 탐으로써만이 후천 선경세계를 갈 수 있다.

그런데 이 배를 배질하는 사람이 누구냐 하면, '혈식천추(血食千秋) 도덕군자(道德君子)' 다. 혈식(血食)이라는 것은 한 세상의 새 문화를 개창하여 전해주고 그 은공으로 두고두고 받는 것이다. 공자도 그가 편 유교문화로 혈식을 받지 않는가. 또 주자가 남송 시대 사람인데 지금도 향교 같은 데서 사람들이 제사 지내며 받들어 주지 않는가. 석가도, 예수도, 마호메트도 다 같이 그렇게 추대를 받고 있다.

혈식천추라고 해서 천 년만 천추가 아니다. 후천 5만 년 천추다. 후천 5만 년 동안 혈식을 받는 것이다.

어째서 그러하냐?

천지에서 개벽을 할 때, 상제님의 화권으로써 죽는 사람들을 살려주면, 그 살기 좋은 세상 지상선경에서 5만 년 동안 자자손손 수많은 자손들이 부귀영화를 누린다. 그래서 그 자손들이 5만 년 동안, 전 세계 곳곳에 사당을 높이 지어놓고 살려준 그 은의(恩義)를 칭송한다. 그렇게 해서 5만 년 동안 전 인류가 받들

316

어주는 혈식을 받는 것이다. 남조선배 뱃사공은 다 그런 혈식 천추 도덕군자가 되는 것이다!

그런데 천추에 혈식을 받는 그 신명들에게 상제님께서 "어떻게 하면 천추에 혈식을 누릴 수 있느냐?" 고 물으시니, 모든 신명들이 "일심에 있습니다" 하고 대답한다.

혈식군자가 되는 게 다만 일심에 매여 있다는 것이다. 일심 가진 자가 아니면 이 배를 타지 못한다. 뱃사공 될 자격이 없다. 오매불망(寤寐不忘), 자나 깨나 한시도 잊지 않고 심혈(心血)이 경주(傾注)되는 일심을 가져야 한다.

"이 몸이 일백 번 고쳐죽어 넋이라도 있고 없고 임 향한 일편 단심 변할 수 있으랴" 하고, 자나 깨나 사람 살릴 생각만 하는 일심 가진 자, 그 사람들이 혈식군자가 되는 것이다.

상제님의 9년 천지공사의 내용 이념은 남조선 배질하는 거기에 다 들어 있다. 후천 5만 년의 현실선경, 조화선경, 지상선경이 남조선 배질 속에 다 들어 있다. 그래서 상제님께서 "우리 일은 남조선 배질이라"고 하셨다. 상제님 일꾼들의 직업이 바로 남조선배를 타고 남조선 배질을 하는 뱃사공들이란 말이다.

　　사람이 이 세상을 삶에 있어 성여불성(成與不成), 성공을 하
느냐 성공을 못하느냐의 밑천이 뭐냐 하면 바로 일심인 것이
다. 무엇을 하든지 간에 일심을 가지고서 간단(間斷) 없이 밀고
나가면 반드시 성공을 한다. 농사도 일심을 갖고 지어야 되고
글공부도 일심을 갖고 해야 되지, 일심이 결여된 행동이라 하
는 것은 절대로 아무것도 성공을 할 수가 없다.

　　일심은 다시 말해서 성경신(誠敬信)이다!

　　옛날 성자들이 말하기를, "성자(誠者)는 천지도야(天之道也)
요", 정성스럽게 빈틈없이 하는 것은 하늘의 도다. 천지라 하는
것도 정성이 아니면 멈춰버린다. 천지의 이법이라는 게 그 밑
바탕이 정성이다. 시공을 초월한 일심정성!

　　그리고 "성지자(誠之者)는 인지도야(人之道也)라", 그 정성을
본떠서 정성을 다하려고 하는 것은 사람의 도다. 사람도 정성
스럽게 살아야 사람 노릇을 하면서 평생을 그르치지 않고 좋은
세상을 영위하다가 고종명(考終命)●372을 한다. 자기 주위 환경
에 알맞은 사람 노릇을 하고 편안히 간단 말이다.

　　상제님 말씀에 이런 말씀이 있다. "복록(福祿)도 성경신(誠敬
信)이요 수명(壽命)도 성경신(誠敬信)이라", 잘살고 못사는 것도
성경신에 있고, 오래 살고 일찍 죽는 것도 성경신에 있다. 성경
신이 지극할 것 같으면 성경신만큼 복록도 누리고, 수명도 누

리는 것이다.

"일심소도(一心所到)에 금석(金石)을 가투(可透)라", 사람이 정성이 지극할 것 같으면 쇳돌도 뚫어 꿰는 것이다. 정성이라 하는 것은 추진동력(推進動力)이다. 내가 꼭 이걸 해야 되겠다고 할 것 같으면, 속된 말로 독이 날 것 같으면, 사람은 무엇이고 할 수가 있다. 정성이라는 것, 일심이 그렇게 무섭다.

그래서 상제님께서 말씀하시기를 "만일 일심만 가지면 못될 일이 없나니 그러므로 무슨 일을 대하든지 일심 못함을 한할 것이요, 못 되리라는 생각은 품지 말라"고 하셨다.

또 "인간의 복록을 내가 맡았느니라. 그러나 태워 줄 곳이 적음을 한하노니 이는 일심 가진 자가 적은 까닭이라. 만일 일심 자리만 나타나면 빠짐없이 베풀어 주리라"는 말씀도 하셨다. 전부가 다 '일심을 가지라'는 말씀이다.

일심만 가지면 세상에 안 되는 일이 없다!

인류 역사를 통틀어, 심혈을 기울여 전부를 다 바친 사람이 아니고는 역사적인 인물이 된 사람이 한 사람도 없다. 또 개인 생활을 한다 하더라도 매두몰신(埋頭沒身), 머리도 거기다가 아주 묻어 버리고 내 몸도 아주 쏙 빠져서, 그렇게 전부를 다 바쳐 일하다 보면 밥 먹는 것도 잊어버린다. 저녁 때 배가 고프고 힘도 없어서 가만히 생각해보니 점심을 굶은 것이다.

옛말에 이런 말이 있다. "심불재언(心不在焉)이면 시이불견(視而不見)하고" 마음이 있지 않을 것 같으면 봐도 보이지 않는다. 정신을 집중해서 봐야 보이는 것이지, 정신집중이 안 되면 봐도 감각을 느끼지 못한다. "청이불문(聽而不聞)하고" 무슨 소리를 들어도 정신집중이 안 되면 들리지도 않고, "식이부지기미(食而不知其味)라" 마음이 있지 않을 것 같으면 먹어도 그 맛을 알지 못한다. 음식도 먹으려 할 것 같으면 일심으로 먹어야 시고 짜고 달고 새콤한 맛을 아는 것이다. 마음이 없이 음식을 먹을 것 같으면, 먹어도 맛도 모르고 먹는 것이다.

일심을 하지 않고서 되는 일은 절대로 아무것도 없다!

일심을 가져야 된다는 걸 비유해서 한두 가지를 말해 보겠다.

지금으로부터 한 4천3백 년 전에 우(禹)●³⁷²가 9년 홍수의 치수(治水)사업을 할 때다. 우의 아버지가 곤(鯀)이라는 사람인데, 원래 순임금이 곤에게 치수사업을 맡겼다. 그런데 이유야 어떻게 됐든지 일을 잘하지 못했다. 그래서 국법에 의해 곤을 사형에 처하고, 그 아들인 우에게 대신 그 일을 맡겼다.

그러면 자기 아버지가 사형을 당해서 죽었으니 개인적으로는 순임금이 원수가 아닌가. 그렇지만 그건 국법에 의해서 나라를 위해, 천하사람 생명을 위해 당한 것이니 도리가 없다.

그리고서 우가 13년 동안 치수사업을 하면서 "삼과기문이불

입(三過其門而不入)이라”, 자기 집 문 앞을 세 번씩이나 거쳐 지나갔어도 시간이 없어서 자기 집을 못 들렀다. 자기 사사(私事) 일로 하여금 자기 집을 들를 수가 없었다. 그래서 자기 집 문 앞을 지나가는데도 한 번도 안 들르고 그냥 지나쳤다. 그렇게 일심을 다 바쳐 국사(國事)를 집행했다.

아니, 그도 사람인데 자기 집 문 앞을 지나가면서 가족들 얼굴이라도 한 번 보고 싶지 않았겠는가. 몇 분이면 만나볼 텐데, 그걸 그냥 지나쳤다. 그렇게 해서 치수사업을 매듭지었다.

김유신 장군이 한참 삼국통일을 할 때다. 그때 김유신 장군에게 원술랑(元述郎)이라는 아들이 있었다.

원술랑을 전쟁에 내보내면서 “너는 전쟁을 하다가 전사를 할지언정 살아서 돌아오지 말라”고 했다. 그것은 말이 안 되지 않는가. 아버지로서 자식더러 전쟁에 나가서 살아오지 말라고 하니 말이다. 그게 ‘생명을 아끼지 말고 다 바쳐서 싸우라’는 말이다.

그 원술랑이 황해도 재령 뜰에서 당나라 군사를 내쫓기 위한 싸움을 하다가 그의 부하들이 다 죽고 몇 명이 안 남았다. 그때 원술랑이 가만히 생각을 해보니, 군대가 없어서 싸움도 못하게 생겼고 또한 아버지가 살아 돌아오지 말라고 하셨으니, “패군지장(敗軍之將)은 무면도강(無面渡江)이라”고, 싸움에 패한 장

수로서 환고향할 면목이 없었다. 해서 남은 고군약졸(孤軍弱卒) 몇 명을 데리고 다시 전쟁터로 나가려고 했다.

그런데 부하들이 앞에서 막고 뒤에서 끌고, 못 나가게 한다. "차후에 기회를 봐서 다시 싸우십시오. 이 싸움은 승산도 없고, 죽어야 값어치도 안 나가는 죽음입니다" 하고.

그래서 죽지도 못하고 집에 와서 자기 어머니를 뵈려고 하니, "너희 아버지가 받아들이지를 않을 텐데, 아버지가 안 보는 자식을 어미가 어떻게 보겠느냐?" 하고 만나주지를 않았다.

그러면 김유신 장군이 과연 그 아들이 정말로 죽기를 원했겠는가? 그게 바로 일심이다! 아들더러 '전쟁하다 죽고서 살아오지를 말아라', 그런 일편단심을 가졌기 때문에 마침내 삼국통일을 이룩한 것이다.

사실 나는 삼국통일이 아니고 망국통일이라고 한다. 그때 만주 땅이 다 고구려 영토이건만, 그 땅을 다 내던져 버렸다. 학계에서는 '통일신라, 통일신라' 하는데 그건 삼국통일이 아니라 망국통일을 한 것이다.

여하튼 김유신 장군이 그 일심으로 백제를 멸망시키고 고구려를 멸망시켰다. 사람은 그렇게 일심을 가져야 한다.

상제님 사업은 일꾼들 개개인이 다 창업시조(創業始祖)가 되는 일이다. 상제님 진리를 창업을 한, 비로소 시(始) 자, 할아버지 조(祖) 자, 시조가 된다. 창업(創業)은 세울 창(創) 자, 일 업 (業) 자, 글자 그대로 '세상에서 없는 것을 만들어 세운다' 는 것 이다.

창업시조라는 사람들은 자기의 목적을 달성하기 위해서 그 무엇과도 절대로 타협을 하지 않는다. 사선(死線)을 열 번도 넘 고, 백 번도 넘고, 실낱같은 목숨이라도 붙어 있으면 만난(萬難) 을 배제하고 기어코 돌파해 낸다. 하다가 중단하면 그 사람은 창업시조, 창시자가 될 수 없고, 새 역사를 만들 수도 없다. 백 절불굴(百折不屈)해서, 백 번 자빠지고 꺾이고 해도 굽히지 않 고 끝까지 밀고 나가서, 목적을 달성하여 기어코 그 일을 이루 어 내는 사람이 창시자가 되는 것이다.

또 큰일 하는 사람은 어떠하냐? 언제고 자기의 목적을 달성 하기 위해 노심초사(勞心焦思)를 한다. 마음과 생각을 그 일에 만 집중을 한다. 그게 일심이다, 일심. 하루 스물네 시간 잠시도 딴생각을 하지 않고 그 생각만 가지고 산다.

먹을 것 다 먹고, 입을 것 다 입고, 편할 대로 다 편하고, 인류 역사를 통해 그렇게 하고도 성공한 사람은 한 사람도 없다. 남 이 뭐라고 하든지, 국가와 민족을 위해서, 전 인류를 위해서 꼭 해야 될 일이라고 할 것 같으면 기필코 그 목적을 달성해야 한 다.

일심이 결여되면 천지도 있을 수 없고 역사도 이루어질 수가 없다. 내가 어려서부터 팔십 중반이 된 지금 이 시간까지, 오직 일심을 가지고서 상제님 사업을 집행해오고 있다.

그렇다고 해도 때를 만나야 된다!

"운유기운(運有其運)하고" 운은 그 운이 있고, "시유기시(時有其時)하고" 때는 그 때가 있고, "인유기인(人有其人)이라" 사람은 그 사람이 있다!

시운이 있다 하더라도 사람을 못 만나면 그 시운은 흘러가버리고 말 것이고, 또 사람이 있다 하더라도 시운을 못 만나면 그 사람은 헛 세상을 살다 갈 것이다. 그러니 운과 때와 사람이 삼위일체가 돼서 '그 사람'이 '그 운'과 '그 때'를 만나야 성공을 할 수 있는 것이다.

인사(人事)는 기회가 있고 천리(天理)는 때가 있다!

때를 놓치면 헛일이다. 그 때를 놓치면 그 운이 있으나마나 그냥 흘러가버리고 마는 것이다.

봄이 됐으면 종자를 들여야지, 봄이 왔는데도 종자를 들이지 않는다면, 그 봄은 그냥 흘러갈 것이 아닌가. "춘무인(春無仁)이면 추무의(秋無義)라", 봄철에 씨앗을 뿌리지 않으면 가을철에 추수할 게 없을 것 아닌가.

324

이 시대를 사는 인류는 천지에서 사람농사를 짓는 12만9천6백 년의 역사 가운데서 가장 위대한 일을 하는 시점에 태어났다. 지나치지도 않고 미치지 못한 것도 아닌 바로 적중한 때에 태어났다.

우리가 살고 있는 이 시점은 천지가 봄여름 세상에서 가을 세상으로 건너가는, 다시 말해서 천지의 질서가 바뀌지는 때다.

천지의 이법이라는 것은 사람 마음대로 어떻게 할 수가 없다. 만유의 생명체라 하는 것은 대자연의 섭리 속에서 그렇게 왔다가는 것이다.

천지의 질서가 바뀌지는 것을 아는 사람은 살아남을 수 있지만 그것을 모르는 사람은 죽는 수밖에 없다. 이것은 이 세상을 사는 사람이라면 누구도 꼭 알아야 하는, 생사를 가름하는 문제인 것이다.

우주의 통치자이신 상제님이 오셔서 '불(火) 세상에서 금(金) 세상으로 넘어가는' 다리를 놓아주셨다. 이번에는 누구라도 상제님이 놓아주신 그 다리, 상제님이 토화(土化)작용을 하신 그 다리를 거쳐야만 가을 세상으로 건너가게 되어져 있다.

묶어서 말하면 그게 생명의 다리다!

우주 질서의 변화 법칙상 본질적으로, 하추교역기에는 반드시 꼭 하나님이 설정하신 그 다리를 거쳐야만 가을로 건너갈 수 있게끔 되어져 있다.

문화권으로 말하면 상제님께서 상극이 사배한 선천 세상에서 후천 가을 세상으로 넘어가는 상생의 문화, 상생의 다리를 놓아주셨다.

지위와 금력, 권력을 떠나서 지구상에 생존하는 모든 사람들은 누구라도 상제님의 상생의 다리, 생명의 다리를 거치지 않고서는 절대로 새 시대, 새 질서, 새 세상으로 넘어갈 수가 없다!

지금은 생사를 판단하는 때다.

이러한 때에, 사는 것 이상 더 큰 비전이 어디에 있겠는가. 상제님 일은 죽는 세상에 살고, 살아남은 후에는 잘살고 복 받는 일로 하늘과 땅이 생긴 이후로 가장 비전 많은 일이다. 전만고에도 이렇게 크고 비전 많은 일이 없었고, 후만고에도 이렇게 비전 많은 일이 있을 수 없다. 12만9천6백 년, 우주가 한 바퀴 돌아가는 우주 1년 중에 가장 비전 많은 일인 것이다.

이 일은 천재일우(千載一遇)라고 해도 말이 안 된다. 천재일우란 천 년 만에 한 번 만나는 것이다. 그러나 이 일은 만재일우요 12만재일우다. 12만9천6백 년 만에 오직 한 번 있는 일이다!

묶어서 말하면 상제님 사업은 12만9천6백 년이 둥글어가는 우주년에서 천지가 농사지은 인간 열매, 그 알캥이를 따는 일이다. 천지의 열매를 따는 일이다. 그래서 증산도는 천지를 대신해서 추수를 하는 천지의 대행 기구이다. 결론적으로 증산도는 천지의 열매요 우주의 결실이요 천지를 담는 그릇이 되는 것이다.

인사(人事)는 기회가 있고 천리(天理)는 때가 있다!
이 시대를 사는 인류는
천지에서 사람농사를 짓는 12만9천6백 년의 역사 가운데서
가장 위대한 일을 할 수 있는 시점에 태어났다.

상제님 일은 죽는 세상에 살고,
살아남은 후에는 잘살고 복 받는 일로
하늘과 땅이 생긴 이후로 가장 비전 많은 일이다.
상제님 사업은 12만9천6백 년이 둥글어가는 우주년에서
천지가 농사지은 인간 열매, 그 알캥이를 따는 일이다.

그래서 증산도는 천지를 대신해서
추수를 하는 천지의 대행 기구이다.
결론적으로 증산도는 천지의 열매요 우주의 결실이요
천지를 담는 그릇이 되는 것이다.

부록

隨筆附錄 수필부록

도기 114주(1984년) 증산 상제님 성탄절과 동지치성절 그리고
그 다음해 태모 고수부님 성탄절을 맞아 태상종도사님께서 치성
제문(祭文)을 지으시며, 그 말미에 '수필부록'을 덧붙이셨다.
선천문화의 진액을 뽑아모아 천지대도와 수련의 대의를 밝혀주
신, 그 글들을 여기 한 자리에 모았다.

천 지 자　　음 양 지 상 하 야
天地者는 陰陽之上下也오

음 양 자　　천 지 지 대 도 야
陰陽者는 天地之大道也며

만 물 지 강 기 야　　조 화 지 경 위 야
萬物之綱紀也며 造化之經緯也며

변 화 지 부 모 야　　생 살 지 본 시 야
變化之父母也며 生殺之本始也며

신 명 지 부 야　　생 장 염 장 지 수 야
神明之府也며 生長斂藏之數也니라.

도 야 자　　여 천 지　　합 기 덕
道也者는 與天地로 合其德하며

여 일 월　　합 기 명
與日月로 合其明하며

여 사 시　　합 기 서
與四時로 合其序하며

여 귀 신　　합 기 길 흉
與鬼神으로 合其吉凶하야

선 천 이 천 불 위　　후 천 이 봉 천 시 자 야
先天而天不違하며 後天而奉天時者也니라.

부 도 자　　학 이 취 지　　문 이 변 지
夫道者는 學而聚之하고 問而辨之하고

견 이 행 지　　추 수 이 지 지 자 야
見而行之하고 推數而知之者也니라.

천지는 음양의 상하요
음양은 천지의 대도며
만물이 변화하는 강기이며
조화의 경위이며
변화의 부모이며 생살의 본시이며
신명의 곳집이며 생장염장의 이치[數]니라.

도(道)는 천지와 더불어 그 덕을 합하며
일월과 더불어 그 밝음을 합하며
사시와 더불어 그 질서를 합하며
귀신과 더불어 그 길흉을 합하여
하늘(자연)보다 먼저 해도 하늘이 어기지 않으며
하늘보다 뒤에 해도 천시를 받드는 것이니라.

대저 도는
배워서 모으고 물어서 판단하고
보아서 행하고 이치를 미루어서 아는 것이니라.

形精氣者는

形者는 神之宅이오

精者는 神之根이오

氣者는 神之主宰니

氣者는 陽이오 血者는 陰이오

神明者는 造化也니라.

氣血이 淸하면 神明이 爽快하고

氣血이 濁하면 精神이 昏迷하나니

神明은 服食五行之生氣하고

形體는 服食五味之物이니라.

天食五氣하고 地食五味하나니

五氣는 入于五臟하야

循還三萬六千神經而去舊生新하고

형 · 정 · 기는
형은 신(神)의 집이요
정은 신의 뿌리이며
기는 신이 주재하는 것이니
기(氣)는 양이요 혈(血)은 음이요
신명이란 조화의 주체가 되는 것이니라.

기혈이 맑으면 신명이 상쾌하고
기혈이 탁하면 정신이 혼미하나니
신명은 오행의 생기(生氣)를 먹고
형체는 만물의 오미(五味之物)를 먹느니라.

하늘은 오기(五氣)로써 사람을 먹이고
땅은 오미(五味)로써 사람을 먹이니
오기는 오장으로 들어가
36,000 신경을 순환시켜
묵은 것을 몰아내고 새로운 것을 생성하고

● 한의학에서 약물의 기(氣)는 양(陽)이 되는데 '기귀정 정귀화(氣歸精 精歸
化)'라 하여, 기(氣)는 정(精)이 되고 정(精)은 변화를 빚어내어, 결과적으로
기(氣)는 기능적인 신명(神明)의 작용을 하고, 약물의 미(味)는 음(陰)이 되는
데 '미귀형(味歸形)'이라 하여 오미는 형체를 만든다고 설명한다.
● 식(食)은 '먹일 사(飼)'의 뜻으로 '사'로 읽는다.

오미지물　　입우육부
五味之物은　入于六腑하야

정액　　송달오장이조박
精液을　送達五臟而糟粕은

대소변　　　배설고
大小便으로　排泄故로

오기오미　　복식이생자
五氣五味를　服食而生者는

천백세 무병장수위선
千百歲　無病長壽爲仙하고

단식오미이생자　　범속병약자
但食五味而生者는　凡俗病弱者니라.

신명　생어천　　형체　생어지
神明은　生於天하고　形體는　生於地하니

생어지　귀어천자
生於地나　歸於天者는

수련성도지성철
修煉成道之聖哲이오

생어지　귀어지자
生於地하야　歸於地者는

수련지도　부지이미행자야
修煉之道를　不知而未行者也니라.

심자　군주지관　신명지부
心者는　君主之官이니　神明之府라

신명　생화지근본
神明은　生化之根本이오

정기　만물지본체
精氣는　萬物之本體니라.

오미는 육부로 들어가서
정액을 오장에 송달시키고
찌꺼기는 대소변으로 배설하기 때문에
오기오미를 먹고 살게 되면 (服五氣 食五味)
천백세토록 무병장수하는 신선이 되고
단지 오미만 먹고 살게 되면 (食五味)
범속한 병약자가 되고 마는 것이니라.

신명은 하늘에서 생하고 형체는 땅에서 생겨나니
땅에서 태어났으나 하늘로 돌아가는 자는
수련하여 도를 이룬 성철이 되는 것이요,
땅에서 태어나 땅으로 돌아가는 자는
수련의 도를 알지 못하여 수행하지 아니한 자이니라.

마음이란 군주의 기관이니 신명이 머무는 곳이라.
신명이란 생명을 화생시키는 근본이요
정기는 만물의 본체인 것이니라.

수
필
부
록

精氣神 三者는 生命之本이니

精者는 血之本元이오

氣者는 呼吸之根本이오

神者는 氣血之主宰也라.

右三者를 修煉成道하야

通達乎天地宇宙之間하야

无碍萬物之情하야 施行於天地人이면

宇宙가 在乎手하고 萬化가 生乎身이라.

修煉은 在於心機하니

心機는 神機也며 天機也라.

天機는 北極이니 天根樞機오

人之天機는 心神이니

修煉者가 以心神으로 爲本하야

與天道運領者也라.

정·기·신 삼자는 생명의 근본이니
정은 혈의 본원이며
기는 호흡의 근본이 되며
신은 기혈의 주재자가 되는 것이라.

이 정기신 삼자를 수련하여 도를 이루어
천지우주 사이의 모든 것을 통달하여
만물에 걸림이 없어
천지인에 베풀게 되면
우주가 내 손 안에 있게 되고
모든 변화가 나의 몸에서 생하여 나오게 되느니라.
수련이란 심기(心機)에 있는 것이니
심기는 곧 신기이며 또한 천기니라.
천기(天機)는 북극이니
곧 하늘 뿌리의 지도리이며
사람의 천기는 곧 심신(心神)이니
수련자가 이 심신으로 근본을 삼아
천도와 합치시켜 운행하고 다스리는 것이니라.

이 도 관 심   심   도 야
以道貫心이니 心은 道也오

이 심 관 도   도   심 야
以心貫道니 道는 心也라.

천   이 북 극   위 조 화 지 기
天은 以北極으로 爲造化之機하고

인   이 심 신   위 조 화 지 기
人은 以心神으로 爲造化之機하니

북 극 두 병   일 전
北極斗柄이 一轉하면

춘 하 추 동 이 십 사 절 순 서   일 세   종 의
春夏秋冬 二十四節順序로 一歲가 終矣니라.

천   이 두 성   위 기
天은 以斗星으로 爲機하고

인   이 심   위 기
人은 以心으로 爲機하니

심 운 어 일 신   여 두 운 어 천
心運於一身이 如斗運於天이라.

고   매 야 자 시
故로 每夜子時에

천 기   시 동 이 양 기   시 동
天機가 始動而陽氣가 始動하니

인 기   응 천 기 이 야 반 자 시
人機도 應天機而夜半子時에

양 기   자 동   자 연 지 원 리
陽氣가 自動하니 自然之原理라.

도로써 마음을 꿰뚫을 것이니
마음이 곧 도요
마음으로 도를 꿰뚫을 것이니
도가 곧 마음이니라.

하늘은 북극으로써 조화의 기틀을 삼고
사람은 심신(心神)으로써 조화의 기틀을 삼나니
북두칠성의 자루가 한 번 회전하면
춘하추동 24절기의 순서로 1년이 마치게 되느니라.

하늘은 북두칠성으로 기틀을 삼고
사람은 마음으로 기틀을 삼나니
마음이 몸에서 운행하는 것이
북두칠성이 하늘에서 돌고 있는 것과 같으니라.
그러므로 매일 밤 자시에
천기가 움직이기 시작하면서
양기도 움직이기 시작하는 것이니
사람의 기를 또한 천기에 응하여 야반(夜半) 자시에
양기가 스스로 동하게 되니 자연의 원리이니라.

^인 ^{선 천 삼 십 육 세}
人은 先天三十六歲[*]까지는

^{자 시} ^{양 기} ^{발 동}
子時에 陽氣가 發動하고

^{자 후 천 삼 십 칠} ^{지 오 십 사 세}
自後天三十七로 至五十四歲는

^{축 시} ^{양 기} ^{발 동}
丑時에 陽氣가 發動하고

^{오 십 오 세 이 후} ^{양 기} ^{인 시} ^{발 동}
五十五歲以後는 陽氣가 寅時에 發動하나니

^{천 리 지 필 연 적 법 칙}
天理之必然的法則이라.

^{부 인 지 천 근 월 굴}
夫人之天根月窟[*]은

^{기 혈} ^{고 지 무 지 순 환 왕 래}
氣血이 鼓之舞之循環往來[*]하야

^{음 양 신 경 지 도 로}
陰陽神經之道路니

^{수 화 상 제 지 위 야}
水火相濟之謂也라.

^{기 입 우 천 근 신 장 이 양 신 지 간}
氣入于天根腎臟而兩腎之間[*]에

^{백 색 근 막} ^{무 화 신 경}
白色筋膜 舞化神經이

342

사람은 선천 36세까지는
자시(子時)에 양기가 발동하고
후천 37세부터 54세까지는 축시(丑時)에 양기가 발동하고
55세 이후는 양기가 인시(寅時)에 발동하나니
천리의 필연적 법칙이라.

대저 사람의 천근(신장)과 월굴(심장)은
기혈이 고동하여 순환왕래하여
음양 신경의 도로가 되는 것이니
이는 수화(水火)가 서로 기제(旣濟)를 이룸을 말한 것이니라.

기(氣)가 천근인 신장으로 들어가게 되면
양쪽 신장 사이에 있는 백색 근막의 무화신경(舞化神經)이

●사람의 일생을 36세까지는 전반부로, 37~54세 동안은 후반부로 나누었으며,
55세 이후는 종반으로 나누시었다. 천지의 수는 6과 9의 마디가 있어 6×6=36,
6×9=54로 시·중·종으로 나누어 말씀하신 것이다.
●천근(天根)은 하늘기운을 이루는 뿌리란 뜻으로 지뢰복(地雷復) 괘를 말하니 천
도에서는 일양(一陽)이 시생하는 동지절이요, 인체에서는 신장이 된다. 월굴(月
窟)은 음기(陰氣)가 처음 출현하는 굴(窟)이란 뜻으로 천풍구(天風姤) 괘를 말하
니 천도에서는 일음(一陰)이 시생하는 하지절이요, 인체에서는 심장이 된다.
●고무(鼓舞) : 북이 울리면 춤을 추듯 서로 조화롭게 감응하는 상태.
●양쪽 신장 사이에서 명문(命門) 양기가 소자출(所自出)하는 상태를 말함. 곧
신간동기(腎間動氣)가 나와 이것이 인체를 움직이는 근본 주체가 된다.

恒常舞之化之而水氣를 送傳於心臟하고

氣入于月窟心臟而心室動脈 鼓動神經이

恒時鼓之化之而火氣를 送傳於腎臟하니

謂之水昇火降이오 水火相濟라.

故로 修煉之大道는 氣血을 運化循環하야

準天道而同行이라.

五行相生相克 萬往萬來 變化循環之理가

非中化之土면

不能生物하며 不能成物하며 不能成器라.

脾는 中央五十土오

腎은 北方一六水오

肝은 東方三八木이오

心은 南方二七火오

肺는 西方四九金이니

344

항상 고무시키고 변화시켜 수기를 심장으로 전송하고
기가 월굴인 심장으로 들어가게 되면
심실의 동맥에 있는 고동신경(鼓動神經)이
항시 고무시키고 변화시켜
화기를 신장으로 전송케 하니
곧 수승화강이요 수화상제(수화기제)인 것이니라.
그러므로 수련의 대도는 나의 기혈을 운행시키고 순환시켜
천도를 표준삼아 동행하도록 하는 것이니라.

오행의 상생·상극으로 만사가 왕래 변화 순환하는 이치는
중화의 토가 아니면
능히 만물을 낳지도 못하며
사물을 이루지도 못하며
그릇을 이루지도 못하는 것이라.

비장은 중앙 5·10토요
신장은 북방 1·6수요
간은 동방 3·8목이요
심은 남방 2·7화요
폐는 서방 4·9금이니

비토　체
脾土는 體요

신수 심화 간목 폐금　용
腎水 心火 肝木 肺金은 用이니라.

고　용　변　　체　부동
故로 用은 變이나 體는 不動하니

용변부동본
用變不動本이니라.

부형자　신지질　　신자　형지용
夫形者는 神之質이오 神者는 形之用이니

형여질　불가분리지위야
形與質은 不可分離之爲也라.

형존이신존　　형사이신산
形存而神存하고 形死而神散하나니

천지　수대　능역어유형　　불능역어무형
天地가 雖大나 能役於有形하고 不能役於无形하며

음양　수묘　능역어유기　　불능역어무기
陰陽이 雖妙나 能役於有氣하고 不能役於无氣하며

오행　수정
五行이 雖精이나

능역어유수　　불능역어무수
能役於有數하고 不能役於无數하며

만상　첩출
萬想이 疊出이나

능역어유식　　불능역어무식
能役於有識하고 不能役於无識은

리지소이야
理之所以也니라.

비토는 바탕인 체가 되고
신수, 심화, 간목, 폐금은 작용하는 용이 되는 것이니라.
그러므로 작용은 변하나 본체는 움직이지 않는 것이니
작용은 변해도 근본은 부동하는 것이니라.

대저 형체는 신(神)의 바탕이요 신은 형체의 쓰임이니
형과 질은 나뉘어지지 않는 것이라.

형체가 존재하면 정신도 존재하고
형체가 죽으면 정신이 흩어지나니
천지가 비록 크다하나
형체가 있는 것은 부리지만
형체가 없는 것은 부리지 못하며
음양이 비록 오묘하나
기(氣)가 있는 것은 부리지만 기가 없는 것은 부리지 못하며
오행이 비록 정미로우나
수(數)가 있는 것은 부리지만 수가 없는 것은 부리지 못하며
만 가지 생각이 거듭하여 나오나
의식 있는 것은 부리지만 의식 없는 것은 부리지 못하는 것은
이치가 그러하기 때문이니라.

오행생극제화지리
五行生克制化之理가

비중화지토
非中化之土면

불능생   불능극
不能生하고 不能克하며

불능성물   불능성기
不能成物하고 不能成器하니

천지만물   이토기   성체고
天地萬物이 以土氣로 成體故로

천하만물   비토지진일지기
天下萬物이 非土之眞一之氣면

불생불육부장불성부종
不生不育不長不成不終하나니

일육수   생삼팔목시
一六水가 生三八木時에

비중화지토   수세   창일
非中化之土면 水勢가 漲溢하야

목표류이불생
木漂流而不生하며

이칠화   생오십토시
二七火가 生五十土時에

비중화지토   화염   극렬
非中化之土면 火炎이 極烈하야

토소회이불생
土燒灰而不生하며

348

오행의 상생 · 상극에 의해
만물을 억제하고 화생시키는 이치가
중화의 토가 아니면
생하지 못하고 극하지도 못하며
만물을 이루지도 못하고 그릇을 이루지도 못하나니
천지만물이 토기(土氣)로 인하여 형체를 이루기 때문에
천하만물이 토의 참되고 한결같은 기가 아니면
발생 생육 성장 완성 종결을 이루지 못하나니

1 · 6수가 3 · 8목을 생할 때에
중화의 토가 아니면
수세가 넘쳐 흘러
목(木)은 표류하여 생겨나지 못할 것이며
2 · 7화가 5 · 10토를 생할 때에
중화의 토가 아니면
화염이 극렬하여
토(土)가 타버려 재가 되어 생하지 못할 것이며

삼팔목 생이칠화시
三八木이 生二七火時에

비중화지토 풍세 극포
非中化之土면 風勢가 極暴하야

화자멸이불생
火自滅而不生하며

사구금 생일육수시
四九金이 生一六水時에

비중화지토 금기극고 수고갈이불생
非中化之土면 金氣極固하야 水枯渴而不生하고

일육수 극이칠화시
一六水가 克二七火時에

비중화지토 수세 태왕
非中化之土면 水勢가 太旺하야

화자멸이종불성기
火自滅而終不成器하며

이칠화 극사구금시
二七火가 克四九金時에

비중화지토 화기 태왕
非中化之土면 火氣가 太旺하야

금소진이종불성기
金燒盡而終不成器하며

3·8목이 2·7화를 생할 때에

중화의 토가 아니면

바람의 형세가 극히 난폭하여

화(火)가 저절로 꺼져 생겨나지 못할 것이며

4·9금이 1·6수를 생할 때에

중화의 토가 아니면

금기가 지극히 굳어버려 수(水)가 고갈되어

생겨나지 못할 것이요

1·6수가 2·7화를 극할 때에

중화의 토가 아니면 수세가 지나치게 왕성하여

화(火)가 저절로 꺼져서 끝내 그릇을 이루지 못하며

2·7화가 4·9금을 극할 때에

중화의 토가 아니면

화기가 지나치게 왕성하여

금(金)이 다 녹아 끝내 그릇을 이루지 못하며

● 여기서 '기(器)'는 목적하는 바의 이상적인 상태를 뜻한다.

삼팔목   극오십토시
三八木이 克五十土時에

비 중화지토   목기   태왕
非中化之土면 木氣가 太旺하야

토 붕괴이 종불성기
土崩壞而終不成器하며

사구금   극삼팔목시
四九金이 克三八木時에

비 중화지토   금기   태왕
非中化之土면 金氣가 太旺하야

목진 박이 종불성기
木盡剝而終不成器하며

오십토   극일육수시
五十土가 克一六水時에

비 중화지토
非中化之土면

토기   태왕   수진갈이 종불성기
土氣가 太旺하야 水盡渴而終不成器니라.

차   천지만물 음양오행
此는 天地萬物 陰陽五行

왕상휴수사절 상생상극 제화지리
旺相休囚死絶 相生相克 制化之理니

대 자연불역지리
大自然不易之理라.

3·8목이 5·10토를 극할 때에
중화의 토가 아니면
목기가 지나치게 왕성하여
토(土)가 붕괴되어 끝내 그릇을 이루지 못하며

4·9금이 3·8목을 극할 때에
중화의 토가 아니면
금기가 지나치게 왕성하여
목(木)이 모두 깎여져서 끝내 그릇을 이루지 못하며
5·10토가 1·6수를 극할 때에
중화의 토가 아니면
토기가 지나치게 왕성하여
수(水)가 모두 고갈되어 끝내 그릇을 이루지 못하는 것이니라.

이는 천지만물이 음양오행에 의해, 왕(旺)하고 상(相)하고
쉬고(休) 갇히고(囚) 죽고(死) 끊어지며(絶)
상생·상극에 의해 억제 화생하는 이치이니
대자연의 바뀌지 않는 절대적인 이치이다.

^{연이십}
然而十은

^{천도운행지도}　^{지구운전지도}
天道運行之道며　地球運轉之道며

^{인체기혈순환운행지도}
人體氣血循還運行之道니라.

^{인체}　^{여천지}　^{상사고}
人體도　與天地로　相似故로

^{오장육부}　^{삼만육천신경}　^{기혈왕래지도}가
五臟六腑　三萬六千神經　氣血往來之道가

^{십자}　^{구성}
十字로　構成되어

^{기혈순환}이　^{십자형}으로　^{상환순환왕래}하니
氣血循還이　十字形으로　相環循還往來하니

^{상생상극생성지도}
相生相克生成之道라.

^{십수}는　^{대자연운행지도}니　^{천도}며　^{지도}며　^{인도}라.
十數는　大自然運行之道니　天道며　地道며　人道라.

^천이　^{무도}면　^{무주야지별}하고
天이　无道면　无晝夜之別하고

^인이　^{무도}면　^{무생성조화}하고
人이　无道면　无生成造化하고

^{지무도}면　^{만유}가　^{불생성}이라.
地无道면　萬有가　不生成이라.

^{대도}는　^{생육장양지도고}로
大道는　生育長養之道故로

^{무궁대도}라.
無窮大道라.

354

그러므로 10은
천도가 운행하는 도이고 지구가 도는 도이며
인체기혈이 순환 운행하는 도인 것이다.
인체도 천지와 서로 같기 때문에
오장육부의 36,000 신경의 기혈왕래의 도가
10자로 구성되어 있어
기혈순환이 십자형으로
서로 돌아 순환 왕래하니
상생 · 상극의 낳고 이루는 도(道)니라.
10수는 대자연 운행의 도이니
천도이며 지도이며 인도인 것이니라.

하늘이 도가 없으면 주야의 구별이 없을 것이요
사람이 도가 없으면 생성조화를 하지 못하며
땅이 도가 없으면 만유가 생성되지 못하는 것이라.
대도는 생육하고 장양시키는 도인 까닭에
무궁한 대도가 되는 것이니라.

준천도이수련　　이음양순사시
準天道而修煉은　理陰陽順四時니

내외합발　음양합발　천인합발지리
内外合發　陰陽合發　天人合發之理라.

응천도이순인사
應天道而順人事하면

생양지조화　　재어기중
生養之造化가　在於其中이라.

도득기인　　　인득기도
道得其人하고　人得其道라야

대도가성
大道可成이니라.

천도를 본받아 수련하는 것은
음양을 법칙으로 삼아 사시에 순응하는 것이니
내외합발이며 음양합발이며 천인합발의 이치인 것이라.
천도에 순응하여 인사를 쫓으면
낳고 기르는 조화가
그 가운데에 있게 되니라.

도는 그 사람을 얻고 사람은 그 도를 얻어야
대도가 비로소 이루어지느니라.

천
지
의
도

춘
생
추
살

부록

미
주

제1장

1) 윤달 _ 1삭망월(朔望月)은 29.53059일이고, 1태양년은 365.2422일이므로 음력 12달은 1태양년보다 약 11일이 짧다. 이 어긋나는 주기를 맞추기 위해 만든 것이 음력의 윤달이다. 음력에서는 3년에 한 달, 8년에 석 달, 또는 19년에 일곱 달의 윤달을 넣어 음력과 양력이 서로 맞아 떨어지게 한다. 그 중 가장 많이 쓰는 방법은 19년 7윤법으로서, 19태양년이 235 태음월과 같은 일수가 된다.

2) 주역의 창시자, 태호(太昊) 복희(伏羲) _ 5,600년 전의 한민족 국가 '배달'의 통치자 제5대 태우의(太虞儀) 환웅천황의 12번째 아들. 복희씨는 역사상 처음으로 팔괘를 그었다(『환단고기』, 『주역』 「계사전」). 복희씨의 시획팔괘는 중국 25사(史) 중 으뜸으로 꼽히는 사기(史記), 유교 삼경(三經)의 하나인 서경(書經) 등 중국의 여러 역사서에도 기록되어 있다.

3) 화수미제(火水未濟)의 선천 세상 _ 천지가 삼양이음(三陽二陰)의 상극운동을 하는 선천시대를 주역의 64괘로는 화수미제(火水未濟)로 표현한다. 화수미제 괘는 양효(陽爻)가 있어야 할 1·3·5효의 자리에 모두 음효(陰爻)가 자리하고, 음효가 있어야 할 2·4·6효의 자리에 모두 양효가 자리한다. 그리하여 '음양이 제자리를 찾지 못한'(未濟) 선천 상극시대를 나타내고 있다.

화수미제(火水未濟)

4) 사배(司配) _ 맡아서 지배함

5) 수화기제(水火旣濟)의 후천 세상 _ 수화기제 괘는 양효가 있어야 할 1·3·5효의 자리에 모두 양효가 자리하고, 음효가 있어야 할 2·4·6효의 자리에 모두 음효가 자리하고 있어, 음양이 모두 제자리를 찾아 '이미 다스려진'(旣濟) 후천의 모습을 나타내고 있다.

수화기제(水火旣濟)

6) 음양(陰陽) _ 음양은 우주만유를 구성하며 변화하게 하는 두 가지의 상반된 힘을 말한다. 음(陰)은 정적이고 수렴되는 성질을, 양(陽)은 동적이고 발산하는 성질을 상징한다. 극미의 소립자로부터 극대의 천체에 이르기까지 만물은 반드시 음양이 짝을 이루어 존재하고, 모든 변화는 음운동과 양운동이 짝을 이루어 일어난다. 이를 일러 '일음일양지위도(一陰一陽之謂道)'라고 한다.

7) 오행(五行) _ 음양이 다섯 개의 기운으로 분화된 것을 오행이라 일컫는다. 양은 목(木)과 화(火)로, 음은 금(金)과 수(水)로 분화되며, 그리고 음과 양 어느 편에도 치우치지 않고 음과 양의 투쟁을 중재하고 조화시키는 중성의 토(土)가 생겨난다.

목(木) – 한 방향으로 곧게 뚫고 나오는 기운
화(火) – 사방으로 흩어지는 기운
토(土) – 목화(木火)의 발산하는 양운동을 금수(金水)의 수렴하는 음운동으로 전환시키는 기운
금(金) – 표면을 굳게 하여 흩어진 것을 모으고 통일시키는 기운
수(水) – 내부의 깊은 곳까지 완전히 통일시키는 기운

이 다섯 가지 기운은 천지만물을 생성·변화시키기 위해 서로 도와주고 생해주기도 하고(相生), 서로 대립하고 극하기도 한다(相克).

오행의 상생은 '서로(相) 생(生)해준다'는 뜻이다. 구체적으로는 목생화(木生火), 화생토(火生土), 토생금(土生金), 금생수(金生水), 수생목(水生木)이다. 오행의 상극에는 억제(抑制)·저지(沮止)의 뜻이 내포되어 있다. 그 상호관계는 목극토(木克土), 토극수(土克水), 수극화(水克火), 화극금(火克金), 금극목(金克木)이 된다.

오행 상생 상극도

361

8) 신미(辛未) _ 신미는 60갑자 중의 하나인데, 60갑자는 10천간(天干)과
12지지(地支)에서 연유한다.

천간지지(天干地支)는 '하늘은 변화의 큰 줄기(幹)를 이루고, 변화의 완성
은 가지(枝)인 땅에서 이루어진다' 는 뜻이다(天生地成).

60갑자에서 지지가 미(未)인 간지는
'신미(辛未), 계미(癸未), 을미(乙未),
정미(丁未), 기미(己未)' 의
다섯 개가 있다. 이 중 오직
신미(辛未)만이 결실, 성숙,
완성의 기운을 담고 있다.

60갑자도

9) 득신(得辛) _ 음력
정월에 8번째 천간(天干)인
'신(辛)' 이 처음으로 드는
신일(辛日)을 일컫는 말이다.
초하룻날에 들면 1일 득신,
10일에 들면 10일 득신이라 한다.
1일이 신일이면 벼의 꽃이 피어 있는
시간이 하루이고, 10일이 신일이면 그 기간이
열흘이라 하여 신일이 5, 6일경에 든 해를 풍년이 드는 해로 예상한다.

▮ 제2장

1) 상제(上帝) _ '상제(上帝)님'은 '하느님'의 공식 호칭. 증산 상제님께서 이 땅에 머무시던 20세기 초엽까지만 해도 '상제님'은 '하느님', '하나님'을 뜻하는 호칭으로 대중적으로 널리 쓰여졌다.

1904년 황성신문에는 '상제(上帝)난 우리 황상을 도우소서'라는 가사가 보이고, 1914년 발행된 『최신창가집』의 애국가에는 '상제(上帝)난 우리 대한을 도우소서'라는 구절이 보인다. 또 1925년 하와이 한미클럽에서 발행한 애국가 악보에도 '상제(上帝)난 우리나라를 도우소서'라는 가사가 보인다.

2) 동발 _ 지게 몸체의 아랫부분. 지겟다리.

3) 초동목수(樵童牧竪) _ 땔나무를 하는 아이와 짐승을 치는 아이.

4) 복희팔괘도 _ 태호 복희씨는 하늘과 땅 사이에 있는 여러 사물을 관찰하고, 그 성질을 깊이 연구하여 8괘를 그렸다. 8괘는 대우주 자연 삼라만상을 표상하는 것이다. 특히 자연물에 대비하여 건(乾)은 하늘(天), 태(兌)는 연못(澤), 이(離)는 불(火), 진(震)은 우레(雷), 손(巽)은 바람(風), 감(坎)은 물(水), 간(艮)은 산(山), 곤(坤)은 땅(地)으로 설명된다.

5) 주역이 인류 문화의 모태 _ 인류 문명의 그 어느 분야도 주역 음양론의 범주를 벗어나지 않는다. 예를 들면, 주역의 음양론은 이진법을 낳았고 이진법은 과학자들의 연구를 거쳐 현대 문명의 총아(寵兒), 컴퓨터를 탄생시켰다.

363

6) 손돌목 _ 손돌목은 물이 빙빙 돌며 파도가 험하기로 유명한 강화도 용두돈대 근처의 좁은 물길을 말한다. 이곳이 수도 서울의 수구(水口), 즉 파(破)에 해당한다. 이 지명에는 역사적인 사연이 있다.

원나라의 침략을 받아 강화도로 피난길에 오른 고려 23대 임금 고종(高宗, 1192~1259)은 '손돌'이라는 뱃사공의 배를 탔는데 이곳의 물살이 거세어 배가 몹시 흔들릴 뿐만 아니라 이 지점에 이르러 뱃길이 갑자기 막혔다. 그러자 왕은 손돌이 자신을 죽이려는 것으로 오해를 하고 그를 칼로 베었다. 손돌은 그 와중에도 바가지를 물위에 띄우고 그 바가지를 따라가면 뱃길이 트일 것이라는 말을 남기고 죽었다. 무사히 강화도에 도착한 왕은 자신의 경솔함을 후회하면서 손돌을 장사지내 주었다.

이에 연유하여 손돌의 기일, 음력 10월 20일경에 부는 매서운 바람을 그의 원혼이 일으키는 바람이라 하여 '손돌바람'이라 하고, 이때 바람과 함께 오는 추위를 '손돌추위'라 한다.

7) 이운규(李雲奎, ?~?) _ 조선 후기의 대학자. 본관 전주. 호 연담(蓮潭). 한때 문참판(文參判)의 관직에 오른 적이 있었으나 국운이 쇠약해지자 충청남도 논산 모촌리(띠울마을)에 은거하였다. 이서구(李書九)의 학맥을 이어 천문·역산(曆算)·역학·시문에 능통하였고, 최제우(崔濟愚)·김광화(金光華)·김일부(金一夫)에게 가르침을 베풀었다고 전한다.

8) 김장생(金長生, 1548~1631) _ 본관 광산. 호 사계(沙溪). 이이(李珥)

와 송익필(宋翼弼)의 문인. 중앙 관직을 사양하고 지방에서 예학 연구와 후진 양성에 힘쓴 조선시대 유학자. 충남 논산에 그의 학문과 덕행을 추모하기 위해 세워진 돈암(遯巖)서원이 있다. 그의 제자는 송시열 외에 서인과 노론계의 대표적 인물들이 많다.

9) 최치원(崔致遠, 857~?) _ 경주 최씨의 시조로서 신라시대의 대문장가. 자 고운(孤雲). 13세되던 869년(경문왕 9)에 당나라로 유학 가서 관리로 지내다가 885년에 신라로 돌아와 관직에 머무르다, 문란한 국정을 통탄하고 관직을 내놓고 각지를 주유했다. 그가 썼다고 전해지는 난랑비서문(鸞郞碑 序文)은 고대 신교문화의 실존을 증언하는 귀중한 자료이다.

10) 관덕당 _ 아미산(峨嵋山) 줄기에 위치한 이곳은 본래 대구읍성의 남문 밖으로, 조선 후기에 군관(軍官)을 선발하던 넓은 연병장과 중죄인의 처형장이 있던 곳이었다. 영조 때 경상도 관찰사가 이곳에 시험장으로 쓸 건축물을 건립하고 그 이름을 관덕당이라 하였다.

11) 신농(神農, BCE 3218 ~ BCE 3078) _ 약 7천 년 전에 한민족이 세운 나라, '배달'의 제8대 임금인 안부련(安夫連) 환웅시대의 인물로서, 경농과 의약의 시조로 일컬어진다. 수많은 약초의 약성을 알아냈고, 최초로 시장을 세워 백성들에게 교역을 가르쳤으며, 또한 나무를 잘라 구부려 농기구를 만들어 농경을 발전시켰다. 태호 복희씨와 더불어 신농씨는 인류 문명을 획기적으로 비약시킨 대성인이다.

▮ 제3장

1) 시조 할아버지의 유전인자 _ 최신 지놈과학의 연구 결과에 따르면, 시조 할아버지의 Y염색체 속에 들어 있는 유전인자는 남계(男系)의 자손에게 수십, 수백, 수천대까지 변화없이 전해진다. 즉 아들을 통해 시조 할아버

지의 Y염색체가 계승되는 것이다. 그런데 여성의 난모세포 속에 들어 있는 2개의 X염색체간에는 서로 교차가 일어나 변화된 X염색체가 난자로 들어가기 때문에, 조상에게 있는 X염색체는 대를 거듭할 수록 서서히 희박해진다.

2) 태조 이성계의 4대 조상 _ 조선을 창업한 이성계는 자신의 4대 조상을 목조(穆祖, ?~1274), 익조(翼祖, ?~?), 탁조(度祖, ?~?), 환조(桓祖, 1315~1361)로 추존하였다.

3) 문왕(文王, ?~?) _ 중국 고대 주(周)나라의 기초를 닦은 명군(名君). 그의 사후에 아들 무왕(武王)이 은나라를 쓰러뜨리고 주나라를 창건하였다.

4) 남사고(南師古, 1509~1571) _ 본관은 의령. 호는 격암(格庵). 조선 중기의 학자로 역학·풍수·천문·복서·상법에 두루 통했다고 한다.

5) 정북창(鄭北窓, 1506~1549) _ 본명은 렴. 북창은 별호. 어려서부터 신동으로 소문났으며, 천문·의약·음률 등에 정통하였으나 관직을 마음에 두지 않고, 수련에 전념하다가 향년 44세로 세상을 떠났다.

▎제4장

1) 범준(范浚, ?~?) _ 남송 때의 성리학자. 자는 무명(茂明). 명문 귀족 출신이나 명리(名利)를 가까이하지 않았다. 본문의 "참위삼재(參爲三才) 왈유심이(曰惟心爾)"라는 글은 『심잠(心箴)』의 일부분이다.

2) 조광조(趙光祖, 1482~1519) _ 조선 중종 때의 문신. 1515년 문과에 급제한 후 왕의 신임을 받아 개혁정치를 추진하면서 훈구파를 정계에서 몰아냈다. 그러나 그가 이끄는 사림파의 정책에 염증을 느낀 중종이 훈구파의 지지를 업고 단행한 기묘사화(己卯士禍)로 인해, 능주(綾州)에 유배되

었다가 38세의 나이에 사사(賜死)되었다.

3) 조대비(1808~1890)_ 공식 호칭은 신정왕후(神貞王后). 조선 순조 19년에 세자빈으로 책봉되었으나 세자는 20대 초반에 절명하였고, 나중에 그 아들이 보위에 올라 조선 24대왕 헌종이 되었다.

4) 하도(河圖) 수 55와 낙서(洛書) 수 45_ 하도는 약 5,600년 전 복희씨가 천하(天河, 현재의 송화강)에 나타난 용마(龍馬)의 등에 드러난 수상(數象)을 그린 것이고, 낙서는 4,200여 년 전 하나라 우임금이 9년 홍수를 다스리던 중, 낙수(洛水)에서 나온 거북의 등에 드리워진 여러 개의 점을 그린 것에서 유래되었다. 1~10까지의 수로 이루어진 하도와 1~9까지의 수로 구성된 낙서는 각각 상생, 상극의 우주 변화법칙을 밝히고 있다. 하도의 수를 다 합하면 55이고, 낙서의 수를 다 합하면 45이다.

▮ 제5장

1) 행전(行纏)_ 한복 바지를 입을 때 바지 가랑이를 둘러싸기 위해 정강이에 꿰어 무릎 아래에 매는 헝겊.

2) 행의(行衣)_ 조선 시대에, 유생(儒生)들이 입던 두루마기. 소매가 넓고, 깃·도련·소매 끝에 검은 천으로 가선을 둘렀음.

3) 그 싸움이 10년을 갔다_ 2차 세계대전의 시발점인 중일전쟁이 발발한 것은 1937년이나, 전쟁 발발의 분기점은 1936년이었다. 1936년 10월 독일과 이탈리아가 동맹을 맺었고, 11월에는 일본과 독일이 방공협정을 맺었다. 그리고 중국에서는 12월 장학량(張學良)에 의한 서안(西安)사건을 계기로 국민당과 공산당이 합작하여 일본에 대항하기 시작했다. 이런 관점에서, 2차대전은 1936년에서 1945년까지의 10년 전쟁이다.

4) 8월 15일을 맞이해서 일본이 항복을 하고 _ 미·영·중이 일본의 무조건 항복을 요구한 포츠담 선언을 묵살하던 일본이 히로시마와 나가사키에 원자폭탄 세례를 받은 후, 8월 14일(음력 7월 7일) 그 선언의 수락을 연합군 측에 통고하고, 15일 일본왕이 이것을 국민에게 선포하였다.

5) 왕인(王仁, ?~?) _ 4세기 때 『논어』 10권과 『천자문』 1권을 가지고 일본에 건너간 그는 오진천황(應神天皇)의 태자에게 글을 가르치는 등 일본에 한문학(漢文學)을 일으켰다.

6) 강항(姜沆, 1567~1618) _ 조선 중기의 학자. 정유재란 때 의병으로 활동하다 왜적의 포로가 되어 일본으로 끌려가 일본 사회에 성리학을 뿌리내렸다.

7) 타민족을 멸시하는 중국 _ 복희씨는 5,600년 전 하도(河圖)를 그리고 8괘를 그어 천지 변화의 비밀을 처음으로 밝혀냈다. 또한 혼인제도를 정하고, 글자[書契]를 만들고, 금슬(琴瑟)이라는 악기도 만들었다. 후에 복희8괘는 유럽으로 전해져 17세기에 라이프니츠가 이진법을 확립할 때 그 사상적 기반이 되었다. 가히 복희씨는 인류 문명의 토대를 다져준 대성인이다. 그리고 5,300년 전의 신농씨는 농경법과 의약을 처음으로 개발하고, 시장을 열어 교역 문화를 싹틔웠다. 그 또한 인류 문명의 발전에 지대한 공을 쌓은 성인이다.

하지만 중국의 역사책은 복희와 신농을 반인반수(半人半獸)의 해괴한 인물로 그려 놓고 있다. 1989년 중국 상해문화출판사에서 발간한 『중국역대제왕록』(中國歷代帝王錄)을 보면, 중국인들이 동이족의 역사를 폄하하고 왜곡시키고 있음을 한눈에 확인할 수 있다.

『중국역대제왕록』

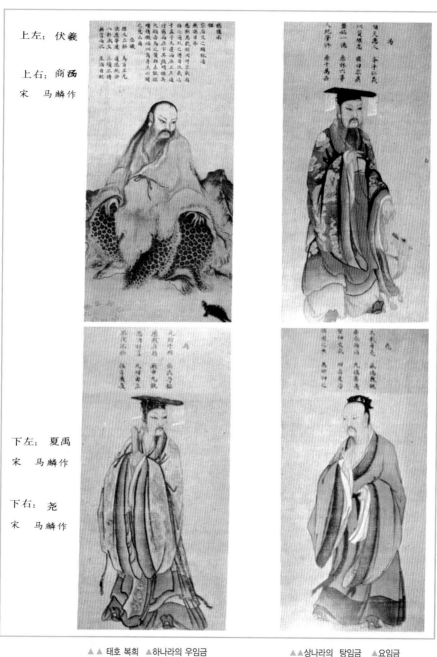

上左: 伏羲

上右: 商湯

宋 馬麟作

下左: 夏禹
宋 馬麟作

下右: 尧
宋 馬麟作

▲▲ 태호 복희　▲하나라의 우임금　　　▲▲상나라의 탕임금　▲요임금

『중국역대제왕록』 화보를 보면, 복희씨나 신농씨보다 후대에 나온 고대 중국의 임금들은 면류관도 씌우고 곤룡포도 입혀서 존엄한 위의(威儀)를 갖춰 그려 놓았다.

*太皞伏羲氏

太皞伏羲氏，姓风。传说在位150年。死于陈（今河南省淮阳县），葬于淮阳城（今河南省淮阳县西南）北3里处。

太皞伏羲氏，传说中为古代东夷族（我国古代对东方各族的泛称）的著名首领，生于成纪（在今甘肃省秦安县北），居住于陈。传说他人头蛇身（一说龙身），可能他领导的部族是以蛇或龙作为图腾的。

相传他根据阴阳变化的道理，创制了八卦，用八种简单而寓义深长的符号，概括了天地间的万事万物；他模仿

伏羲女娲图（石刻）

三皇五帝·3

『중국역대제왕록』 원문(위)과 번역글 태호 복희씨는 전설에 의하면 고대 동이족의 이름 난 우두머리이다. (중략) 전설에 의하면, 그는 사람의 머리에 뱀의 몸(일설에는 용의 몸)이었다고 한다.(후략)

*炎帝神农氏

炎帝神农氏，姓姜，号烈山氏（一说厉山氏）。传说在位140年。曾亲尝百草，因尝到有剧毒的断肠草而死，葬于茶陵（今湖南省茶陵县）。

炎帝神农氏，传说中的上古姜姓部落著名首领，号烈山氏，一作厉山氏。此部落原居姜水流域，故姓姜。炎帝生于今湖北省随州市北厉山镇。初居于陈，后向东发展，迁居于曲阜（今山东省曲阜县东北）。

传说他是牛头人身，可能他领导的部落是以牛为图腾。他用树木制作耒、耜等农具，教导人民从事农耕；又发明草药，为人治病，被尊奉为医药和农业的创始者。他分路东进，在阪泉（今河北省涿鹿县东南）与黄帝发生冲突，被战败。又转而和黄帝合作，打败蚩(chī 痴)尤，然后率部在黄河流域长期生活、繁衍下去。炎帝和黄帝所结成的部落联盟，构成了华夏族的主干成分。华夏族后来又演变为汉族。所以有把汉族的后代称为"炎黄子孙"的。

在传说中，炎帝和神农原是两个人，后从《世本》起，又说成是一个人。《淮南子·修务篇》说，

神农氏

염제 신농씨는 전설에 의하면, 상고(上古)시대 한 부락의 이름 난 우두머리이다. (중략) 전설에 의하면 그는 소의 머리에 사람의 몸이었다고 한다. (후략)

8) 주원장 (朱元璋, 1328~1398)_ 중국 명(明)나라의 초대 황제. 태조 주원장은 일반적으로 현 안휘성(安徽省) 봉양현(鳳陽縣)의 빈농 출신이라고 알려져 있다. 명의 사서(史書)에 적힌 내용에 의하면, 사관(史官)이 주원장에게 고향을 물으니 그가 답하기를 "장검동래(杖劍東來)하니 기선부지(其先不知)라", '칼을 짚고서 동쪽에서 왔으니, 내 선대(先代)는 알지 못한다' 라고 하였다. 중국의 동쪽은 우리나라를 말한다. 출신을 노골적으로 밝힐 수 없었던 그가 그저 은유적으로 '동(東)'이라고만 한 것이다.

9) 영은문(迎恩門)_ 조선시대에 중국에서 오는 사신을 맞아들이기 위해 한양의 서대문 바깥에 세웠던 문. 대한제국 때 애국지사들이 사대주의(事大主義)의 표본인 그 문을 헐어내고 그 자리에 독립문을 세웠다. 현재는 기둥 두 개만 남아 있다.

10) 상기둥_ 한옥의 안방과 마루 사이에 있는 가장 중요한 기둥.

ɪ 제8장

1) 팔풍받이_ 팔방(八方)의 바람을 다 맞는 곳. 팔풍은 팔방의 바람.

ɪ 제9장

1) 고종명(考終命)_ 오복의 하나. 제 명대로 살다가 편안히 죽는 것.

2) 우(禹, ?~?)_ 하(夏)왕조의 시조로서 하우씨라고도 불린다. 그의 부친 곤이 9년 홍수의 치수사업을 맡았으나 실패하고, 당시 임금 순(舜)의 명령으로 우가 치수를 맡아 홍수를 성공적으로 다스려 민심을 크게 얻어, 순임금을 이어 왕위에 올라 하나라를 열었다. 일찍이 우는 치수를 위해 열린 도산회의에 참가하여 고조선의 단군성조께서 파견한 맏아들 부루 태자로부터 오행치수법(五行治水法)을 전수받아 마침내 치수에 성공하였다.

증산도 주요 도장 안내
www.jsd.or.kr

본부 _ 042-525-9125
교육문화회관 _ 042-337-1691
대전광역시 대덕구 중리동 409-1

태전 | 충남

태전도안	042-523-1691
태전대덕	042-634-1691
태전선화	042-254-5078
태전유성	070-8202-1691
계룡	042-841-9155
공주신관	041-853-1691
논산	041-732-1691
당진읍내	041-356-1691
보령동대	041-931-1691
부여구아	041-835-0480
서산	041-665-1691
서산대산	041-681-7973
서천	041-952-1691
아산온천	041-533-1691
예산	041-331-1691
천안구성	041-567-1691
태안	041-674-1691
홍성대교	041-631-1691

서울특별시

서울강남	02-515-1691
서울광화문	02-738-1690
서울강북	02-929-1691
서울관악	02-848-1690
서울동대문	02-960-1691
서울목동	02-2697-1690
서울영등포	02-2671-1691
서울은평	02-359-8801
서울잠실	02-403-8801
서울합정	02-335-7207

인천 | 경기

강화	032-932-9125
인천구월	032-438-1691
인천송림	032-773-1691
부천	032-612-1691
고양마두	031-904-1691

증산도 주요도장 안내 www.jsd.or.kr

구리수택	031-568-1691
김포북변	031-982-1691
동두천중앙	031-867-1691
성남태평	031-758-1691
수원인계	031-212-1691
수원영화	031-247-1691
안산상록수	031-416-1691
안성봉산	031-676-1691
안양만안	031-441-1691
여주	031-885-1691
오산대원	031-376-1691
용인신갈	031-283-1691
의정부	031-878-1691
이천중리	031-636-0425
파주금촌	031-945-1691
평택합정	031-657-1691
포천신읍	031-531-1691

충북

청주흥덕	043-262-1691
청주우암	043-224-1691
충주성서	043-851-1691
제천중앙	043-652-1691
음성	043-872-1691
증평중동	043-836-1696
진천성석	043-537-1691

강원

강릉옥천	033-643-1349
동해천곡	033-535-2691
삼척성내	033-574-1691
속초조양	033-637-1690
영월영흥	033-372-1691
원주우산	033-746-1691
정선봉양	033-562-1692
춘천중앙	033-242-1691

대구 | 경북

대구대명	053-628-1691
대구두류	053-652-1691
대구복현	053-959-1691
대구수성	053-743-1691
대구시지	053-793-1691
대구강북	053-312-8338
경주노서	054-742-1691
구미원평	054-456-1691
김천평화	054-437-1691
문경모전	054-554-1691
상주무양	054-533-1691
안동태화	054-852-1691
영주	054-636-1691
영천화룡	054-338-1691
포항대신	054-241-1691

부산 | 경남

부산가야	051-897-1691
부산광안	051-755-1691
부산동래	051-531-1612
부산덕천	051-342-1692
부산온천	051-554-9125
부산중앙	051-244-1691
양산북부	055-382-1690
거제장평	055-635-8528
거창중앙	055-945-1691
고성송학	055-674-3582
김해내외	055-339-1691
김해장유	055-314-1691
남지	055-526-1697
마산	055-256-9125
사천벌용	055-833-1725
양산북부	055-382-1690
언양	052-264-6050
진주	055-743-1691
진해여좌	055-545-1691
창원명서	055-267-1691
통영	055-649-1691
함양용평	055-962-1691

광주 | 전남

광주상무	062-373-1691
광주오치	062-264-1691
나주남내	061-333-1691
목포옥암	061-283-1691
순천조례	061-745-1691
여수오림	061-652-1691
완도	061-555-1691
해남성동	061-537-1691
강진평동	061-433-1690

전주 | 전북

전주경원	063-285-1691
전주덕진	063-211-1691
군산조촌	063-446-1691
남원도통	063-625-1691
익산신동	063-854-5605
정읍연지	063-533-6901

제주도

제주연동	064-721-1691
서귀포동홍	064-733-1691

해외도장

미국

뉴욕	1-917-885-6200
로스엔젤레스	1-323-937-2535
달라스	1-972-241-2399
샌프란시스코	1-510-552-1436
워싱턴	1-703-354-0792
시카고	1-408-709-0045

아틀란타	1-770-381-7600

독일

베를린	49-305-562-0043

오스트리아

비엔나	43-660-634-6024

일본

도쿄	81-3-5246-4143
오사카	81-6-6796-8939
고베	81-78-262-1559
아시야	81-797-25-7576

인도네시아

자카르타	62-816-131-2500

필리핀

마닐라	63-917-891-1691

문의

국제부(한국)	070-8644-3240